高等职业教育旅游类专业新形态教材

客房服务与管理
（活页式）

主　编　赵　丹　王晓欢　吕　尤
副主编　金晓琳　郭亚蓉　孟庆振

北京理工大学出版社
BEIJING INSTITUTE OF TECHNOLOGY PRESS

内 容 提 要

本书以当今酒店管理的成熟理论体系为基础编写，主要介绍酒店客房部运营与管理相关知识。全书分为三大模块、九大项目、二十一项任务。本书以客房服务职业能力培养为核心，以客房服务与管理的各个业务模块和工作项目为主线，全面、系统地介绍了客房基础知识、清洁保养管理、客房对客服务、洗衣房服务与管理、员工督导管理等内容。本书编写遵循两个指导原则：一是遵循高等职业教育改革方向和发展趋势的原则；二是遵循全社会、各行业数字化发展趋势的原则，力求打造一本关于我国旅游酒店管理专业人才培养的优秀教材。

本书可作为酒店管理与数字化运营及相关专业的教材，也可作为酒店相关从业人员的参考资料和培训用书。

版权专有　侵权必究

图书在版编目（CIP）数据

客房服务与管理 / 赵丹，王晓欢，吕尤主编. -- 北京：北京理工大学出版社，2023.12
ISBN 978-7-5763-2572-0

Ⅰ.①客… Ⅱ.①赵…②王…③吕… Ⅲ.①客房－商业服务－高等职业教育－教材②客房－商业管理－高等职业教育－教材 Ⅳ.①F719.2

中国国家版本馆CIP数据核字（2023）第126545号

责任编辑：时京京	**文案编辑**：时京京
责任校对：刘亚男	**责任印制**：王美丽

出版发行 / 北京理工大学出版社有限责任公司
社　　址 / 北京市丰台区四合庄路6号
邮　　编 / 100070
电　　话 /（010）68914026（教材售后服务热线）
　　　　　　（010）68944437（课件资源服务热线）
网　　址 / http：//www.bitpress.com.cn
版 印 次 / 2023年12月第1版第1次印刷
印　　刷 / 河北鑫彩博图印刷有限公司
开　　本 / 787mm×1092mm　1/16
印　　张 / 12.5
字　　数 / 238千字
定　　价 / 49.00元

图书出现印装质量问题，请拨打售后服务热线，负责调换

前 言

本书严格遵守教育部印发的《普通高等学校教材管理办法》中关于教材编写的要求，依据教材建设规划及职业院校酒店管理专业顶岗实习标准，服务于高等职业教育教学改革和人才培养。本书编者积极与校外实习基地相关人员合作，根据酒店客房部的主要岗位及基层管理工作设计教学内容，建立了突出职业能力和职业素质培养的课程体系。

为深入贯彻落实《国家职业教育改革实施方案》（国发〔2019〕4号）文件，本书在编写过程中增加了数字化模块，并融入了华住酒店管理有限公司"1+X"现代酒店服务质量管理职业技能等级证书的部分内容，助力于培养具备现代高质量管理与数字化运营技能的未来酒店数字化人才。

本书内容共分为三大模块、九大项目、二十一项任务。

模块一：客房认知。本模块下设三个项目、五项任务，概括介绍了客房的类型、客房的设施设备、客房部的地位和作用、客房部的主要岗位和职责、客房人的素质及能力要求等。通过本模块的学习，可正确认识酒店的客房、客房部和客房人，理解"一屋不扫，何以扫天下"的理念，感受冬奥会期间酒店人的担当和奉献。

模块二：客房服务。本模块下设三个项目、九项任务，以客房部的主要工作岗位及内容为主线，详细介绍了客房清洁服务、楼层服务及洗衣房服务。通过本模块的学习，可熟悉客房部主要岗位的工作职责和操作标准，了解客房部员工不仅要会打扫卫生，还要像"幕后魔术师"一样施展魔法，让客人惊喜不断。

模块三：客房管理。本模块下设三个项目、七项任务，从对客服务管理、员工督导管理和内部日常管理三个方面介绍客房部基层管理工作。通过本模块的学习，可熟练掌握客房管理的工作要点。客房部管理人员需要懂得统筹管理、时间管理，需要具备沟通、应变和学习能力等，才能够满足新时代酒店客房服务与管理工作的需要。

本书由辽宁轻工职业学院赵丹负责模块一、模块二和模块三中项目二、项目三的编写任务，录制了部分微课资源，并负责整本书的统稿；辽宁轻工职业学院王晓欢负责模块三中项目一的编写任务，录制了该模块的三个微课资源；辽宁轻工职业学院吕尤负责链接资源的编写任务。

　　本书在编写过程中得到了华润（大连）有限公司君悦酒店人力资源部总监金晓琳女士、招聘经理白丹女士及客房部领导和员工的支持；本书视频资源拍摄得到了君悦酒店客房部行政管家郭亚蓉女士和大连凯宾斯基酒店经理孟庆振先生的鼎力支持，在此表示衷心感谢！

　　由于编者学识水平有限，经验不足，书中难免有待商榷之处，敬请各位同行和读者批评指正！

编　者

目 录

模块一　客房认知

项目一　认知客房 3
　　任务一　客房的类型 3
　　任务二　客房的设施设备 12

项目二　认知客房部 18
　　任务一　客房部的地位和作用 18
　　任务二　客房部的主要岗位和职责 22

项目三　认知客房人 28
　　任务　客房人的素质及能力要求 28

模块二　客房服务

项目一　清洁服务 35
　　任务一　准备工作 35
　　任务二　清扫住客房 39
　　任务三　清洁设备等的使用与保养 51
　　任务四　客房消毒 61
　　任务五　检查退房 64

项目二　楼层服务 68
　　任务一　常规服务 68
　　任务二　个性化服务 88

项目三　洗衣房服务 99
　　任务一　布草管理 99

任务二　衣物洗烫 ··· 104

模块三　客房管理

项目一　对客服务管理 ··· 111
　　任务一　服务质量管理 ··· 111
　　任务二　客人投诉处理 ··· 121
项目二　员工督导管理 ··· 130
　　任务一　员工培训 ··· 130
　　任务二　客房安全管理 ··· 138
项目三　内部日常管理 ··· 150
　　任务一　安排班次 ··· 150
　　任务二　管理客房设备 ··· 156
　　任务三　管理客房用品 ··· 160

附录一　《旅游饭店星级的划分与评定》（GB/T 14308—2010） ··········· 169
附录二　《绿色旅游饭店》（LB/T 007—2015） ································· 174
附录三　职业院校酒店管理专业顶岗实习标准（摘录） ························· 184
参考文献 ··· 193

模块一　客房认知

学习本模块，学生能够了解客房的类型、客房的设施设备；客房部的地位和作用及其主要岗位和职责；了解客房人应具备的素质及能力，从而对于酒店的客房、客房部及客房人有所认知。

客房认知

项目一

认知客房

学习本项目，能够了解酒店客房的主要类型、酒店客房的设施设备。

认知客房

任务一　客房的类型

任务引入

客房服务员王姐今天带了一个新来的徒弟小张，在工作间隙，王姐认真地给小张介绍客房的类型、清扫不同类型房间的注意事项等细节，让她尽快熟悉工作内容。

学习目标

知识目标：1. 熟悉酒店的定义。
2. 熟悉酒店客房的类型。
3. 了解个性化客房的类型。

能力目标：1. 能够为客人准确介绍酒店客房的类型。
2. 能够熟悉个性化客房的相关信息，便于为有需要的客人布置客房。

素养目标：1. 强化终身学习意识。
2. 强化与时俱进理念。

基本知识

一、酒店的定义

根据国家标准《旅游饭店星级的划分与评定》（GB/T 14308—2010）（详见附录一，

以下简称标准），旅游饭店（Tourist Hotel）是指以间（套）夜为单位出租客房，以住宿服务为主，并提供商务、会议、休闲、度假等相应服务的住宿设施，按不同习惯可能也被称为宾馆、酒店、旅馆、旅社、宾舍、度假村、俱乐部、大厦、中心等。其主要特点为标准化、程序化和规范化。按照目的主要分为商务型酒店、度假型酒店、会议型酒店和经济型酒店等。

据中华人民共和国文化和旅游部统计，截至2022年第三季度，我国共有6 505家星级饭店的统计数据通过省级文化和旅游行政部门审核。其中，一星级11家，二星级639家，三星级3 046家，四星级2 063家，五星级746家，占比分别为0.17%、9.82%、46.83%、31.71%和11.47%（图1-1）。

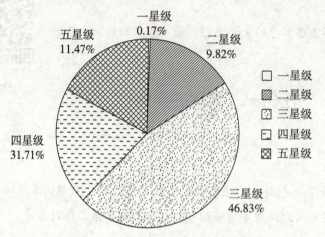

图1-1 2022年第三季度全国星级饭店数量结构图

2022年中国酒店业发展报告

目前，住宿产业依然是整个旅游产业链上最具价值的赛道之一，同时，大众化旅游时代的到来推动了休闲度假消费的崛起，住宿消费也日益多元化，从而催生了大量新业态、新模式的住宿产业。住宿产业将产生一些新的消费趋势，其中蕴含着产业创新与发展机遇。

根据中国饭店协会发布的《2022年中国酒店业发展报告》，截至2022年1月1日，全国住宿业设施总数为361 264家（不包括不在市场供给端、处于不可预订状态的酒店），客房总规模14 237 709间。其中酒店业设施252 399家，客房总数13 468 588间，平均客房规模约53间，酒店业设施和客房数分别占我国住宿业的70%和95%。其他住宿业设施108 865家，客房总数769 121间，平均客房规模约为7间，其他住宿业设施和客房数分别占我国住宿业的30%和5%（图1-2）。

近年来，住宿产业产生了一些新趋势，其中最值得关注的是连锁化趋势、基于"住宿+X"的业态多元化趋势、数智化趋势三个方面。

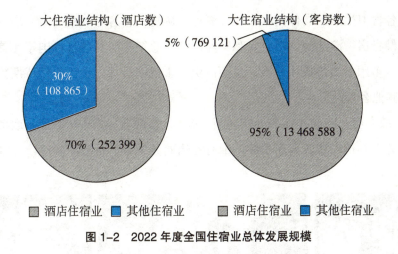

图 1-2 2022 年度全国住宿业总体发展规模

二、酒店客房的主要类型

（一）传统的酒店客房类型

（1）单人间（Single Room）（图 1-3）。单人间房间内有一张单人床，按一人标准配置设备与用品，经常被酒店作为经济间或特价房推出，起到招徕客人的作用。

（2）标准间（Twin Room）（图 1-4）。标准间房间内有两张单人床，按两人标准配置设备与用品，可容纳两位客人，比较适合旅游团等团队客人居住。

（3）大床间（Double Room）（图 1-5）。大床间与标准间的主要区别在于房间内有一张双人床，同样按两人标准配置设备与用品，可容纳两位客人，也可供喜欢大床的客人单独使用。

图 1-3 单人间　　　　图 1-4 标准间　　　　图 1-5 大床间

（4）普通套房（Junior Suite）（图 1-6）。普通套房一般由卧室（与主卫生间）和起居室（与次卫生间）组成，按酒店规定标准配置设备与用品。

（5）总统套房（Presidential Suite）（图 1-7）。总统套房至少有 5 间房，房间内有主次卧室两间（各含卫生间）、休闲娱乐厅、餐厅、厨房、会客厅、书（琴）房各一间，有些酒店还设置健身房、游泳池、吧台、私家花园等。总统套房具备接待国家元首、政务要员的住宿条件，多用于接待集团总裁、富商巨贾、影视演员等，也用于接待期待享受"总统级"待遇的其他客人。

（6）行政套房（Executive Suite）（图1-8）。行政套房集中于酒店行政楼层，有独立的接待处为客人办理入住及离店手续，配有专用商务中心、行政酒廊等，为客人提供早餐和下午茶服务。

图1-6　普通套房

图1-7　总统套房

图1-8　行政套房

（7）公寓套房（Apartment）（图1-9）。公寓套房与普通套房的区别在于通常配有厨房设施，比较适合长住客人，更像客人的"家"。

（8）内景房（Inside Room）。内景房窗户朝向酒店内的房间，相对比较安静。

（9）外景房（Outside Room）（图1-10）。外景房窗户面向大海、公园、湖泊、景区景点，风景优美，很受客人青睐。

图1-9　公寓套房

图1-10　外景房

（10）角房（Corner Room）。角房是位于楼房边上的房间，一般两面都可以照到太阳，但是因为有两面窗户或是阳台，房间里可能会稍微有点吵，国外有些高档酒店把这种房间做成套房，可以看到更多外面的景色。

（11）连通房（Connecting Room）。连通房两间并列的标准房内有一门可打开互通，不需经过走廊，比较适合家庭客人居住。

（12）相邻房（Adjoining Room）。相邻房是两间相邻的房间，但房内无门互通，需要经过走廊才能过去，比较适合团队客人等。

（二）个性化的酒店客房类型

1. 无障碍客房

值得一提的是，在标准中，要求五星级酒店必备残疾人客房项目。无障碍客房（图1-11）是酒店必备的服务于特殊人群的房间，通常占总客房数的1%。在必要时也会出租给商务客人。房间对通道和一些空间要求相对宽敞，并在卫生间内考虑适用于特殊人群的五金件，方便其使用。设计时，无障碍客房设计为可以与其相邻的标准间做成连通房，以方便其他人员对特殊人群的照顾。

无障碍客房设计的特殊之处主要体现在以下八个方面。

（1）防护。如地面应当选用防滑材料，以防残疾人跌倒损伤。又如厕所门上要装护门板，以免轮椅的脚踏板碰坏门。

（2）布局。如卫生器具的安装位置和高度要合理，便器两侧都应留有便于轮椅接近的空间。

（3）辅助。如在卫生器具周围安装扶手，扶手的位置合适、连接牢固。

（4）方便。如水龙头开关应便于操作，可采用脚踏式、长柄式、感应式等。

（5）呼救。如厕所内应设紧急呼救按钮。

（6）指示。如房间应标示明确，特别应设置方便盲人寻找的导盲板和盲人标牌。又如厕所门上应设置能反映厕所使用状态的标示（"使用中"等字样）。

（7）通畅。如卫生间内外的地面高差不得大于20 mm，方便残疾人和轮椅顺利通过。

（8）尺度。如门扇开启的净宽不得小于0.8 m，以方便轮椅通过。厕所内应留有1.5 m×1.5 m的轮椅回转空间。

2. 女性客房

由于女性受到更多的教育，得到更好的工作机会，有了更为可观的收入，女性消费市场开始迅速发展。此外，酒店市场竞争更为激烈，市场高度细分化是酒店发展的必然趋势，酒店利用不同的产品去满足不同需求的客户群，这些因素都促进了女性酒店在市场上的产生与发展（图1-12）。

自1984年伊恩·施拉格（Ian Schrager）在美国纽约麦迪逊大道开办了摩根思（Morgans）精品女性酒店以来，众多酒店也都开始了这一项措施。例如，温德姆酒店集团专门实施了一项"旅途中的女士"计划，邀请女性商务客人对集团所有酒店提供的设施和安全状况提出意见。

皇冠假日酒店非常重视女性顾客对酒店品牌的忠诚度，不断创新激发女性顾客的兴趣，因此，即使在商务顾客很少的时候，女性楼层也几乎满客。

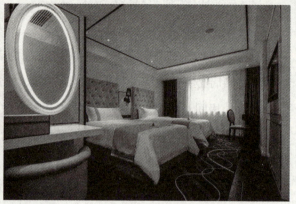

图 1-11　无障碍客房　　　　　　　　　图 1-12　女性客房

希尔顿酒店开设的女性楼层，还在房间提供女性营养食谱，为顾客提供晨练地图，为深夜在停车场停车的女性顾客安排护卫保护顾客安全。

厦门艾美酒店的女性楼层中，专门配备有女性服务员和女性安保人员，酒店还可根据客人要求，安排女性随从照料。酒店除了提供低卡路里的健康食谱服务、瑜伽垫和亲肤洗浴套装，还在此楼层提供柔软舒适的羊毛袜、丝质衣架和各式浴盐等。

3. 家庭房 / 儿童房

目前越来越多的人们举家出游，酒店为满足家庭客人的需求，会在特定的楼层专门设计家庭房或儿童房。以卡通人物、萌萌的小动物等为主题，小朋友使用的毛巾、拖鞋、浴袍、洗护用品全部都是定制的。比如中国香港迪士尼乐园酒店推出了全球首间"冰雪奇缘"主题套房，从开始构思到投入使用，大约耗时 1 年。在酒店的 13 间套房中，有 5 间改造成了"冰雪奇缘"主题套房。

从门外装饰到室内装修，电影中的元素无处不在。清新的壁纸配色、特定的地毯、天花板，就像走进了梦幻的冰雪王国（图 1-13），印有主角图案的门卡、艾莎和安娜剪影的墙纸、《冰雪奇缘》的游戏、主题漱口杯……诸多电影中的场景，令人有身临其境之感。还有克里斯托夫的"雪橇座椅"（图 1-14），坐在上面，似乎会随时出发，让人瞬间回忆起电影里的精彩片段。

房间内更有适合孩子的玩乐天地，大型的雪宝毛绒公仔、冰雪奇缘主题的绘本书籍，都让小朋友们爱不释手。家长们则可以享受套房内的精致主题下午茶（图 1-15），点心颜值、口味同时在线，绝对是视觉、味觉的双重享受，旁边还有为孩子们特地准备的主题餐具。此外，入住主题套房，还能获得限定的冰雪奇缘主题洗漱用品一套，以及一家三口不同款式的拖鞋（图1-16），这些在迪士尼商店里买不到。

图1-13　冰雪奇缘主题客房1

图1-14　冰雪奇缘主题客房2

图1-15　精致主题下午茶

图1-16　主题客房拖鞋和洗漱用品

4. 婚房

随着消费观念的转变，现代年轻人大多选择在酒店办婚宴，因此酒店在准备订婚宴的同时也会为新人设计婚房（图1-17）。有些酒店会采用中国元素（图1-18），有些酒店会采用中西结合的方式为新人布置婚房，营造幸福的氛围，表达对新人美好的祝福。

5. 智能化客房

据《中国饭店管理公司（集团）2020年度发展报告》显示，89.8%的酒店集团在2020年增加或维持了科技创新投入比例，全国更是掀起了酒店客房智能化改造高潮。据中华人民共和国文化和旅游部统计数据显示，全国主要城市的酒店客房智能化改造市场超过1 000亿元，且每年智能化改造的酒店数量还有20%左右的增长，而智慧酒店更是成为新型酒店的代名词。

在此背景下，大数据、云计算、物联网和人工智能等新兴技术正打破传统的酒店运营与服务模式，引领着消费者消费需求和习惯的改变，并以此提高酒店管理效率和用户体验。未来居就是其中典型的成功案例。

图 1-17　主题婚房　　　　　　　　　　图 1-18　主题元素

非接触服务成为酒店行业新的趋势，华住、首旅、如家等酒店集团更是先后推出了"无接触"服务（图 1-19），包括自助续住、退房，以及机器人送物（图 1-20）等。未来居智能产品提供的非接触式智控面板及智能网关，可在客房内通过语音管家控制灯具、空调、窗帘、电视等，减少人与室内设备频繁的接触，满足人们对健康安全的诉求。

图 1-19　无接触服务　　　　　　　　　图 1-20　机器人送物

未来居全面考量不同消费客群，研发的语音管家服务不仅能够给普通酒店顾客带来生活上的方便，同时还能帮助行动不便或失明的残疾人实现语音自动拨打电话、开关灯、开合窗帘、开关电视或换台、调控空调、呼叫机器人送物、呼叫前台送餐等服务；智能照明系统更是考虑到酒店顾客因不熟悉环境产生的不安感，不仅可通过语音管家或手机小程序实现色温亮度的调节，而且可及时对房间内人体感应灯进行开关，在夜间为顾客提供安全的视觉提示。

酒店智能化融合了智能软硬件、设计、服务三要素，可以帮助酒店实现升级、增收、降本，同样也是酒店数字化的核心引擎。因此，酒店智能化升级不仅包括软硬件设施设备升级，而且还包括设计和服务上的升级。

任务实施

为客人介绍客房

任务准备	不同类型客房；两人一组（一人扮演客人、一人扮演客房服务员）	
步骤	动作规范	要求
1	问候客人	礼貌地称呼客人	使用标准服务用语
2	引领客人	引领客人到房间	注重引领的服务礼仪
3	为客人介绍客房	先敲门，再开门，请客人先进，再进行适当的介绍	注意敲门礼仪；可适当营销
4	与客人礼貌道别	请客人先出门，与客人礼貌道别	注意礼仪、服务用语

任务评价

为客人介绍客房评分表

步骤		动作要求	分值	得分
1	问候客人	能够使用标准服务用语问候客人	1	
2	引领客人	能够在客人的左前方或右前方引领客人，注重礼仪	2	
3	为客人介绍客房	能够按标准程序敲门，介绍时运用一定的营销技巧	5	
4	与客人礼貌道别	能够注重服务礼仪与服务用语	2	
		总分	10	

任务巩固及拓展

1. 任务巩固：三人一组，参照以下流程图，搜集个性化或智能化客房相关资料，全班相互交流。

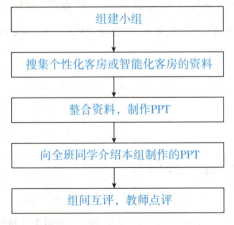

组建小组 → 搜集个性化客房或智能化客房的资料 → 整合资料，制作PPT → 向全班同学介绍本组制作的PPT → 组间互评，教师点评

2. 任务拓展：扫描二维码链接任务拓展。

任务二　客房的设施设备

任务引入

客房服务员王姐一边工作一边向徒弟小张介绍客房内的设施设备,让她熟悉酒店不同类型客房配备的设施设备,同时强调物品的摆放标准等,让小张加深印象。

学习目标

知识目标：1. 了解酒店客房的必备项目。
2. 熟悉酒店客房的五大空间。
3. 熟悉五星级酒店客房的设施设备。

能力目标：1. 能够熟练地介绍客房的设施设备。
2. 能够掌握客房主要设施设备的英文名称。

素养目标：1. 强化规范意识。
2. 强化安全意识。
3. 强化学习意识。

客房现场介绍

基本知识

结合国家标准《旅游饭店星级的划分与评定》（GB/T 14308—2010）（以下简称标准）的相关要求,以五星级酒店为例,介绍酒店客房的设施设备。

一、酒店客房的必备项目

标准中必备项目检查表规定了各星级酒店应具备的硬件设施和服务项目。评定检查时,逐项打"√"确认达标后,再进入后续打分程序。五星级酒店客房必备设施设备项目检查表见表 1–1。

表 1–1　五星级必备项目检查表——客房

序号	项目
3	客房
3.1	应至少有 50 间（套）可供出租的客房
3.2	70% 客房的面积（不含卫生间和门廊）应不小于 20 m^2
3.3	应有标准间（大床房、双床房）、残疾人客房、两种以上规格的套房（包括至少 4 个开间的豪华套房）,套房布局合理

续表

序号	项目
3.4	装修豪华，具有良好的整体氛围。应有舒适的床垫及配套用品。写字台、衣橱及衣架、茶几、座椅或沙发、床头柜、全身镜、行李架等家具配套齐全、布置合理、使用便利。所有电器开关方便客人使用。室内满铺高级地毯，或用优质木地板或其他高档材料装饰。采用区域照明，目的物照明效果良好
3.5	客房门能自动闭合，应有门窥镜、门铃及防盗装置。客房内应在显著位置张贴应急疏散图及相关说明
3.6	客房内应有装修精致的卫生间。有高级抽水马桶、梳妆台（配备面盆、梳妆镜和必要的盥洗用品）、浴缸并带淋浴喷头（另有单独淋浴间的可以不带淋浴喷头），配有浴帘或其他有效的防溅设施。采取有效的防滑措施。采用豪华建筑材料装修地面、墙面和天花板，色调高雅柔和。采用分区照明且目的物照明效果良好。有良好的无明显噪声的排风设施，温湿度与客房无明显差异。有110V/220V不间断电源插座、电话副机。配有吹风机。24小时供应冷、热水，水龙头冷热标识清晰。所有设施设备均方便客人使用
3.7	客房内应有酒店专用电话机，方便使用。可以直接拨通或使用预付费电信卡拨打国际、国内长途电话，并备有电话使用说明和所在地主要电话指南
3.8	应有彩色电视机，画面和音质优良。播放频道不少于24个，频道顺序有编排，备有频道目录
3.9	应有背景音乐，音质良好，曲目适宜，音量可调
3.10	应有防噪声及隔音措施，效果良好
3.11	应有纱帘及遮光窗帘，遮光效果良好
3.12	应至少有两种规格的电源插座，电源插座应有两个以上供客人使用的插位，位置方便客人使用，并可提供插座转换器
3.13	应有与本酒店星级相适应的文具用品。配有服务指南、住宿须知、所在地旅游景点介绍和旅游交通图等。提供与住店客人相适应的报刊
3.14	床上用棉织品（床单、枕芯、枕套、被芯、被套及床衬垫等）及卫生间针织用品（浴巾、浴衣、毛巾等）材质高档、工艺讲究、柔软舒适。可应客人要求提供多种规格的枕头
3.15	客房、卫生间应每天全面清理一次，每天或应客人要求更换床单、被套及枕套，客人用品和消耗品补充齐全，并应客人要求随时进房清理
3.16	应提供互联网接入服务，并备有使用说明，使用方便
3.17	应提供开夜床服务，夜床服务效果良好
3.18	应提供客房微型酒吧（包括小冰箱）服务，配置适量与住店客人相适应的酒和饮料，备有饮用器具和价目单。免费提供茶叶或咖啡。提供冷热饮用水，可应客人要求提供冰块
3.19	应提供客衣干洗、湿洗、熨烫服务，可在24小时内交还客人，可提供加急服务
3.20	应24小时提供送餐服务。有送餐菜单和饮料单，送餐菜式品种不少于8种，饮料品种不少于4种，甜食品种不少于4种，有可挂置门外的送餐牌，送餐车应有保温设备

续表

序号	项目
3.21	应提供自动和人工叫醒、留言及语音信箱服务,服务效果良好
3.22	应提供客人在房间会客服务,应客人的要求及时提供加椅和茶水服务
3.23	客房内应备有擦鞋用具,并提供擦鞋服务

从表 1-1 可以看出,酒店客房设备不但要满足客人基本生活需要,还要符合环保健康的需求。

从功能上看,客房一般具备睡眠、盥洗、储存、办公、起居五大功能,因此客房相应分为五大功能区域,每个区域都有满足其相应功能的客房设备。

(一) 睡眠空间

睡眠空间(图 1-21)是客房中最基本的空间,其中最主要的家具是床和床头柜。

(1) 床。弹性好,软硬适度,方便客人休息。

(2) 床头柜。床头柜分为单人用床头柜和双人共用床头柜。通常放有电话、便笺纸、铅笔,有些酒店还会放上晚安卡、常用电话号码卡等。

(二) 盥洗空间

盥洗空间(图 1-22)即浴室,又称卫生间。卫生间的"三缸"包括浴缸、马桶和洗脸盆。

图 1-21 睡眠空间

图 1-22 盥洗空间

(1) 浴缸。浴缸带有冷热水龙头,并装有淋浴喷头,浴缸底部采用防滑结构,豪华房间的浴缸可以装上水疗装置。

(2) 马桶。马桶分为坐式和蹲式两种,一般只装坐式马桶,现在很多酒店已经安装智能马桶。

（3）洗脸盆。洗脸盆一般镶嵌在由大理石面等铺设而成的云台里。为方便客人使用，有些酒店配备两个洗脸盆。

（三）储存空间

储存空间（图 1-23）主要是指壁橱、行李架等。

（1）壁橱。壁橱一般设在客房入口的小过道内，可采用推拉门或折叠门设计，内有随门开启而亮的照明灯，有的还设有鞋箱、保险箱，配备熨斗、熨板等。

（2）行李架。客房内都设有行李架或行李台，方便客人拿取行李。

（四）办公空间

标准间的办公空间（图 1-24）通常在床的对面，客房使用的写字台和化妆台通常合二为一，一般为木制品，装有抽屉，可放置文具等。墙面设有梳妆镜及镜灯，桌上放置台灯，方便客人使用。

（五）起居空间

起居空间（图 1-25）通常在标准间的窗前区域，放置沙发、茶几、软座椅等，方便客人休息、会客、观看电视等。此外，还方便客人在此饮茶、吃水果等。

客房生活设备包括电器、卫生洁具、家具、安全设备和面层装饰材料等；客房清洁设备包括一般清洁设备，如扫帚、工作车等；机器清洁设备包括吸尘器、洗地机、洗地毯机、打蜡机等。

图 1-23　储存空间

图 1-24　办公空间

图 1-25　起居空间

二、五星级酒店客房的设施设备

标准中附录 B 为对酒店客房设施设备的要求，总分 600 分，五星级酒店规定最低得分为 420 分。其中客房的设施设备评分总分为 191 分，详见五星级客房设施设备评分表。

五星级客房设施设备评分表

随着国际化程度越来越高，五星级酒店的外国客源越来越多，因此员工应掌握客房常用英语、基本词汇、常用句型及情景对话等，便于与客人更好地沟通，更好地为客人服务，详见"第十一届全国旅游院校服务技能（饭店服务）大赛客房服务赛项英语口语测试题库"。

"鼎盛诺蓝杯"第十一届全国旅游院校服务技能（饭店服务）大赛英语口语测试题库——客房服务

三、智能化客房的设施设备

科技，突破对舒适的畅想。2022年北京冬奥会期间，冬奥村给运动员们配备了"零重力智能床"，不仅有记忆功能，还有按摩功能和叫醒服务。它采用的是零重力太空舱座椅原理，将头部抬升约15°，脚部抬升约35°，使心脏与膝盖处于同一水平线，将身体压力均衡分散，从而有效减轻脏腑器官及脊椎压力。而让美国雪橇运动员萨默·布里大呼"Unbelievable！"的是，这张床还拥有TV模式、阅读模式、助力起床、腿部舒压、一键放平等六大场景模式。

据了解，华住酒店与拥有全球最大的太空记忆棉生产基地的Mlily梦百合达成合作，推出"智能零压房"。这种智能床垫像智能手环或手表一样，将智能芯片植入床垫，能够即时监测出心率、呼吸率，并记录下睡眠者的入睡苏醒时间、睡眠质量等多种参数，并由此提出建议或发出警示。同时，一切的数据和信息都可以随时反馈到手机或PC终端，并自动储存。

客房卫生间的产品也进行"智能"升级，包括智能马桶、按摩浴缸、智能浴室镜、恒温花洒等。以智能浴室镜为例，今天吃多少卡路里的食物不会增加体重，在酒店即可了解。安装一款浴室镜，不仅能照镜子、加强防潮防雾等安全性功能，而且可以通过云端技术实现家居产品互联同步，能实现体重测量检查功能，通过刷牙检测口腔的健康情况，还能检测人的皮肤水分情况，提供合适的健康建议。

任务实施

为客人介绍客房的设施设备

任务准备	1间客房；两人一组（一人扮演客人、一人扮演客房服务员）	
步骤	动作规范	要求
1 敲门问候	按标准程序敲门，礼貌问候客人	注意敲门礼仪、礼貌问候
2 为客人介绍客房设施设备	了解客人是否初次入住本酒店，为客人进行有针对性的介绍	根据客人的需求进行有针对性的介绍，注意沟通技巧

续表

任务准备	1间客房；两人一组（一人扮演客人、一人扮演客房服务员）	
步骤	动作规范	要求
3 与客人礼貌道别	询问客人是否还有其他需求 与客人礼貌道别	注意礼仪、使用标准服务用语

任务评价

为客人介绍客房的设施设备评分表

	步骤	动作要求	分值	得分
1	敲门问候	能够按标准程序敲门并礼貌问候客人	2	
2	为客人介绍客房设施设备	能够根据客人的需求有针对性地进行介绍	6	
3	与客人礼貌道别	能够注重服务礼仪与服务用语	2	
	总分		10	

任务巩固及拓展

1. 任务巩固：两人一组，参照以下流程图，为客人介绍客房的设施设备（尝试中英文双语介绍）。

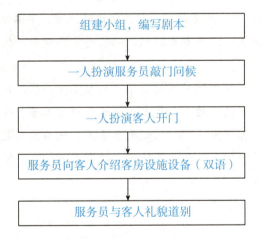

2. 任务拓展：扫描二维码链接任务拓展。

项目二

认知客房部

学习本项目，能够了解酒店客房部的地位和作用；了解客房部的主要岗位及其职责，对于酒店客房部有所认知。

任务一 客房部的地位和作用

任务引入

客房服务员王姐吃午饭时和徒弟小张聊天，小张问王姐为什么会选择在客房部工作，小张之前没有在酒店工作过，对客房部的工作更是不太了解，印象中客房部就是打扫卫生的。王姐说："选择客房是因为客房部的作息时间比较正常，不需要倒班熬夜。刚开始干的时候不太适应，没有掌握工作的节奏和技巧，确实感觉很辛苦，但坚持下来，反而爱上了客房部的工作。"

在王姐眼里，客房部的工作绝对不是简单地打扫卫生而已，每次收到客人的表扬信，王姐会感觉所有的辛苦都是值得的。八年来，王姐认识了很多长住客人，还有客人每次来都指定要王姐为其服务，像朋友一样，王姐也会很用心地为客人做好服务。这份工作虽然辛苦，但能向更多的人传递爱，让远在异地他乡的客人感受到"家"的温暖就是王姐最朴实的愿望。

学习目标

知识目标：1. 熟悉客房部的地位。

2. 熟悉客房部的作用。

能力目标：能够正确认识客房部的地位和作用。

素养目标：1. 强化规范意识。

2. 强化质量意识。

3. 树立正确的就业观。

模块一　客房认知

> 基本知识

客房部是酒店向客人提供住宿服务的部门，是酒店的主体和存在的基础，在酒店中占有重要地位，可以说"客房部是酒店的心脏"。如果一家酒店的心脏停止跳动，那么酒店的一切运作，包括营销、前厅、财务、工程等部门的运作都会失去意义。客房部的地位和作用主要体现在以下四个方面。

一、客房是酒店的主体

酒店的基本功能是向客人提供食宿，而客房是住店客人购买的最主要的产品。在酒店的建筑面积中，客房一般占70%～80%；酒店的固定资产，大部分都在客房；酒店经营活动所必需的其他设备和物料用品，大部分也在客房。所以说，客房是酒店的基本设施和存在基础。

二、客房收入是酒店收入的重要来源

酒店的收入主要来源于客房收入、餐饮收入和综合服务收入三部分。其中，客房收入一般是酒店收入的主要来源。

据《2022年第三季度全国星级饭店统计调查报告》显示，全国6 505家星级饭店2022年第三季度的营业收入合计353.54亿元，其中客房收入约为147.28亿元，占营业收入的41.66%（图1-26）。

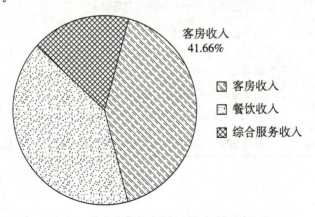

图1-26　2022年第三季度全国星级饭店营业收入结构

客房商品的生产成本在整个酒店成本中占据较大比重，其能源（水、电）的消耗及低值易耗品、各类物料用品等日常消费较大。因此，客房部重视开源节流，加强成本管理、建立部门经济责任制，对整个酒店降低成本消耗，获得良好收益起到至关重要的作用。

三、客房部服务质量是影响客人满意度的重要指标

酒店客房部的工作规程是最有序、最细致、最严密的,也最有可量化指标,包括工作流程、卫生检查制度、安全保障措施、员工培训流程等,其操作的标准化、制度化和程序化水平的高低,反映出一家酒店服务和管理规程的科学性和规范性。可以说,客房服务水平反映了整个酒店的服务水平,也是衡量一家酒店管理和服务质量高低的重要指标。因此,客房部服务质量的高低,直接影响客人对酒店的满意度。

四、客房是带动酒店一切经济活动的枢纽

酒店是为客人提供综合服务的场所,只有客房住客率较高,酒店的综合设施才能发挥较大的作用,才能带动整个酒店的经营管理。客人住进客房,要到前台办理入住手续、交房费,要到餐饮部用餐、宴请,要到商务中心进行商务活动,还要健身、购物、娱乐,因而客房服务带动了酒店各项综合服务设施的运转。

任务实施

主题演讲"我眼中的客房部"

任务准备	1. 多媒体教室 2. 演讲稿	
步骤	动作规范	要求
1	熟悉演讲任务	要求以"我眼中的客房部"为题,在全班同学面前进行不少于1分钟的主题演讲	明确演讲的任务和要求
2	搜集相关内容	多渠道自主搜集相关资料,采用网上查询、实地调研或与酒店客房部工作人员进行交流等方式均可	积极主动搜集资料
3	制作演讲PPT	对搜集到的资料进行分析、整合,制作演讲用的PPT,要求多图少文,结构完整	认真制作PPT
4	完成主题演讲	借助PPT,在全班同学面前进行主题演讲	观点明确、表达自如

任务评价

主题演讲"我眼中的客房部"评分表

步骤		动作要求	分值	得分
1	熟悉演讲任务	能够明确需要完成的演讲任务	2	

续表

	步骤	动作要求	分值	得分
2	搜集相关内容	能够积极主动地搜集演讲相关资料	2	
3	制作演讲PPT	能够认真制作演讲PPT，符合要求，内容完整	2	
4	完成主题演讲	能够脱稿完成主题演讲，观点明确，表达自如	4	
	总分		10	

任务巩固及拓展

1. 任务巩固：全班同学分工协作，参照以下流程图，共同完成"讲好酒店故事——客房部系列"。

任务1：搜集故事（正面案例）。

任务2：编辑故事（对故事进行排版，图文并茂，并加上自己的观点）。

任务3：发布故事（在公众号上发布故事）。

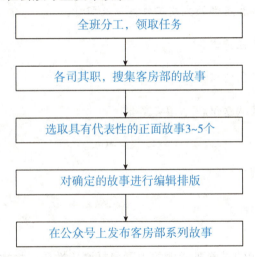

2. 任务拓展：扫描二维码链接任务拓展。

任务二 客房部的主要岗位和职责

任务引入

客房服务员王姐今天跟徒弟小张重点强调客房部的主要岗位及其职责,让小张尽快熟悉自己的岗位职责,同时也能够明确哪些工作需要跟文员沟通、哪些工作需要向主管请示汇报等,能够尽快出徒,独立工作。

学习目标

知识目标: 1. 了解不同类型酒店客房部的组织机构。

2. 熟悉客房部的主要岗位职责。

能力目标: 能够掌握客房部的主要工作岗位及职责。

素养目标: 1. 强化责任意识。

2. 强化角色意识。

3. 强化服从意识。

基本知识

一、客房部的组织机构

酒店客房部组织机构的设置要考虑的因素包括酒店性质、档次、客源结构和层次,以及员工素质等,各酒店应根据其实际运营需要设置相应的组织机构,大中型酒店(多于300间房,如图1-27所示)的客房部岗位全、分工细,员工人数较多;小型酒店(少于300间房,如图1-28所示)的客房部岗位则应扁平化,一人多能,员工人数较少。客房部组织机构没有统一的模式,随着酒店发展变化而及时调整。

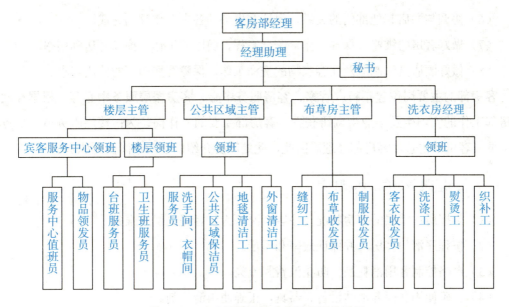

图1-27 大中型酒店客房部组织机构设置

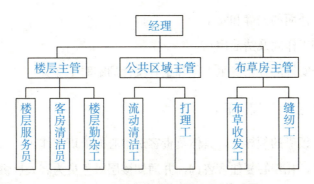

图1-28 小型酒店客房部组织机构设置

二、客房部的主要岗位职责

客房部的主要职能是为客人提供安全舒适、清洁、便利的居住环境和配套设施,负责酒店客房、公共场所的清洁卫生及绿化布置。

客房部的主要职责包括以下八点。

(1) 做好酒店的清洁卫生,为客人提供干净、舒适的居住环境。

(2) 做好客房的各项接待服务工作,满足客人的各项服务需求。

(3) 做好部门的各项安全工作,保障客人的人身、财产安全及酒店的财产安全。

(4) 完成各项经济指标,做好节能工作,降低客房费用,确保客房正常运转。

(5) 做好部门培训工作,不断提高部门人员整体素质。

(6) 协调与酒店其他部门的关系，保证客房部的各项工作顺利完成。

(7) 做好客房的维修、保养工作，配合工程、前厅部工作，提高客房利用率。

(8) 做好酒店员工制服及住客衣物的洗涤工作，保障客房布草的使用需求。

客房部的主要岗位包括行政管家、客房服务中心、客房楼层服务中心等。根据在酒店客房部工作的实习生及毕业生调研获悉，客房部主要的工作岗位为：楼层服务员、房务中心文员、客房部主管、客房部经理。因此，此处简要介绍以上四个岗位的职责。

（一）楼层服务员的岗位职责

(1) 掌握所在楼层的客房状况及住客情况，为住客提供优质服务。

(2) 按程序清扫客房，并保证效率和质量。

(3) 严格控制客用消耗品，防止浪费和流失。

(4) 正确使用和保养清洁设备、器具，正确使用清洁剂。

(5) 按要求填写各种报表。

(6) 保持客房楼面的安静和安全。

(7) 每天整理工作间及清洁用具。

(8) 完成领班安排的计划卫生工作和主管交代的临时工作。

（二）房务中心文员的岗位职责

(1) 在经理、领班的领导下，具体负责客房中心的值班工作。

(2) 接听电话，礼貌答复住客咨询，并通知楼层服务员为客人提供相关服务。

(3) 与各楼层保持密切联系，掌握客房状态，及时沟通客房信息。

(4) 与其他部门沟通联系及传递信息。

(5) 管理好客房中心物品、酒水等。

(6) 做好客房各类钥匙的检查和保管工作。

（三）客房部主管的岗位职责

(1) 在客房部经理的领导下，负责管理所管辖区域的楼面接待服务工作。

(2) 检查所管辖楼层的全部客房，发现问题立即解决，确保客房服务质量。

(3) 检查服务员的仪容仪表和行为，确保酒店规章制度得以执行落实，对不符合酒店规定的事情及时处理并向上级报告。

(4) 掌握楼层客房出租情况，合理安排员工，做好对所属员工的日常评估考核。

(5) 每日检查客房酒吧饮料的消耗、补充和报账情况。

（6）掌握楼层物品领用消耗情况。

（7）保管好服务用品及器具，安排并检查楼层公共区域的清洁。

（四）客房部经理的岗位职责

客房部经理全权负责客房部的运行与管理，负责计划、组织、指挥及控制所有房务事宜，督导下层管理人员的日常工作，确保为住店客人提供热情、周到、舒适、方便、卫生、快捷、安全的客房服务。

客房部经理的主要职责及工作内容如下。

（1）监督、指导、协调全部房务工作，为住客提供具有规范化、程序化、制度化的优质服务。

（2）负责客房的清洁、维修、保养。

（3）保证客房和公共区域达到卫生标准，确保服务优质、设备完好。

（4）管理好客房消耗品，制定房务预算，控制房务支出，并做好客房成本核算与成本控制等工作。

（5）制订人员编制、员工培训等工作计划，合理分配及调度人力。

（6）检查员工的礼节礼貌、仪容仪表、工作态度和工作效率。

（7）与前台做好协调，控制好房态，提高客房利用率和对客的服务质量。

（8）与工程部做好协调，做好客房设施设备的维修、保养和管理工作。

（9）检查楼层的消防、安全工作并与保安部紧密协作，确保客人人身及财产安全。

（10）拟订、上报客房部年度工作计划与安排。

（11）建立客房部工作的完整档案体系。

（12）任免、培训、考核、奖惩客房部主管及领班。

（13）按时参加酒店例会，传达落实会议决议、决定，及时向总经理分管副总汇报，主持每周部门例会。

（14）处理投诉，发展同住店客人的友好关系。

（15）检查 VIP 房，使之达到酒店要求的标准。

（16）落实三级查房制度，每天按客房出租率抽查空房。

以上仅仅是对酒店客房部主要岗位职责的简要介绍，每个酒店都会制定 SOP 来规范各部门、各岗位的工作流程和标准，员工各尽其职，分工明确，才能高效地完成各项任务，保证酒店的正常运转。

任务实施

客房部岗位模拟面试

任务准备	1. 教室布置为面试现场　2. 个人简历		
步骤	动作规范		要求
1	熟悉招聘信息	熟悉某酒店发布的客房部岗位招聘信息（图1-29）	了解招聘要求
2	确定应聘岗位	从招聘的六个岗位中选择一个岗位应聘	了解自身与岗位匹配度
3	准备个人简历	根据选定的应聘岗位准备一份个人简历	了解简历撰写要点
4	参加模拟面试	带上个人简历参加模拟面试	角色扮演

任务评价

客房部岗位模拟面试评分表

步骤	动作要求		分值	得分
1	熟悉招聘信息	能够认真阅读客房部各岗位的招聘要求	2	
2	确定应聘岗位	能够结合自身特点选择合适的岗位进行应聘	2	
3	准备个人简历	能够针对所应聘的岗位制作个人简历	2	
4	参加模拟面试	能够按时参加面试，注意着装、仪容仪表等	4	
	总分		10	

客房部

楼层主管：
1. 高中毕业学历或同等以上文化程度。
2. 有1年以上同星级酒店客房管理工作经验。
3. 熟悉本部门专业知识，熟练使用计算机。

客房服务员：
1. 初中以上学历。
2. 1年以上酒店客房工作经验。

制服房服务员：
1. 初中以上学历。
2. 1年以上制服房工作经验。
3. 熟悉本岗位专业知识，掌握缝纫技术。

公共区域主管：
1. 中等教育或同等学历。
2. 2年以上公共区域相关工作经验，或具备其他同等学历及工作经验。
3. 熟悉公共区域所有清洁剂、设备、器材的性能、操作及保养方法。

洗衣房主管：
1. 中等教育或同等学历。
2. 1年以上洗衣房工作经验。

洗衣房员工：
1. 初中以上学历。
2. 1年以上洗衣房工作经验。

图1-29　客房部招聘信息

任务巩固及拓展

1. 任务巩固：六人一组，实地参观调研校企合作酒店的客房部，或者通过微信等方式与酒店客房部工作人员进行沟通，了解客房部的工作内容、主要岗位及任职要求等信息。

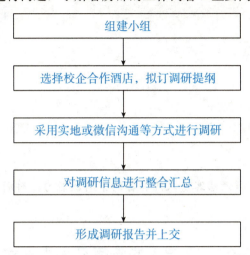

2. 任务拓展：扫描二维码链接任务拓展。

项目三

认知客房人

学习本项目,能够了解酒店客房人应具备的素质及能力,对酒店客房人有所认知。

任务　客房人的素质及能力要求

任务引入

客房服务员王姐正在清洁2808房间,清洁卫生间时,看到洗手台上放的东西比较杂乱,王姐认真地帮助客人把东西摆放整齐,在客人的化妆包下发现了一条金项链。王姐想一定是客人放到这儿之后被化妆包挡住没看到,忘记戴了。她细心地拿来一个封闭袋,将客人的金项链装起来,放到床头柜上,并给客人留言:"李女士,您好!我在清洁洗手间时在洗手台的化妆包下发现了您的项链,怕您不容易找到,特意帮您放到床头柜上,很抱歉没经过您的允许擅自挪动了您的项链,给您带来不便,深表歉意,有任何问题请随时与我联系,王××,138××××1015。"

李女士今早出去后才发现没戴项链,一时也想不起来放到了哪里,还一直担心是不是弄丢了。她回到房间后,看到项链和王姐的留言非常开心,她给客房服务中心打电话感谢王姐的细心。客人没有生气,还感谢了她,王姐开心地笑了。

学习目标

知识目标:1.熟悉酒店客房人的素质要求。
　　　　　2.熟悉酒店客房人的能力要求。
能力目标:1.能够理解客房人的默默奉献。
　　　　　2.能够体会客房人的担当意识。

素养目标： 1. 强化劳动意识。

2. 强化诚信意识。

3. 强化学习意识。

4. 强化创新及个性化服务意识。

5. 养成细心观察的好习惯。

6. 彰显客房人的朴实与担当。

基本知识

酒店客房部员工的劳动强度大，工作内容繁杂，工作范围广泛，与其他部门联系密切。酒店客房部员工的制服不漂亮，也没有太多机会接触客人，但在酒店运转中起着至关重要的作用，他们是默默的奉献者，是幕后英雄，是值得关注的团队。下面来介绍怎样的人才能承担客房部如此重要的任务。

一、酒店客房人的素质要求

（一）吃苦耐劳，踏实肯干

客房服务工作劳动强度大，与客人直接打交道的机会少，这就要求客房部员工要有踏实肯干和吃苦耐劳的精神。每天要做大量琐碎的工作，要具有良好的心理素质，以高度的责任感完成自己的工作，保证客房能够达到舒适整洁的标准。

（二）身心健康，诚信自律

客房服务工作内容相对繁杂，体力消耗大，客人要求较高，因此要求客房部员工身体健康，精力充沛，动手能力强，工作效率高。

客房服务工作一般都是由客房服务员独立完成，需要有较高的自觉性。工作态度要端正，并自觉遵守酒店相关规定，不可借整理房间之名，随意乱翻客人的抽屉、衣橱；不可在客人的房间看电视；不可用客房的卫生间洗澡；不可拿取客人的食品品尝等，一定要诚信自律。

（三）主动服从，团队合作

客房服务工作要求客房部员工主动承担责任，比如旺季时能够配合领导要求，合理加班，服从大局，不为自己找借口或理由。在酒店实际工作中，客房部经理、领班、房务中心文员在旺季时都会到楼层帮忙撑房，保证客房的周转和利用率。客房部很多工作不是个人能够完成的，每个人的工作效率也有所差异，这就需要客房部员工善于合作，共同努力营造一个和睦相处、分工明确、配合默契、轻松愉快的工作环境，提高效率，更好地完成各项工作。

（四）提升自我，持续发展

随着智能化的不断发展，酒店客房部员工应具备主动学习的意识，不断提升自我，尤其是年纪较长的员工更应加强学习，比如手机软件的使用，来适应现代化办公的需要。同时，国外客人不断增加，平时需保持良好的仪容仪表，注重与客人交往时的礼貌礼仪，要加强外语的学习，便于更好地与客人沟通交流，为客人提供优质高效的服务。

二、酒店客房人的能力要求

（一）业务精湛，技能熟练

酒店客房部员工应熟练掌握业务知识和专业技能。业务知识过关，操作技能熟练，才能更好、更自信地服务客人，提升客人的满意度，同时不断丰富和拓展技能，为客人提供个性化的服务，比如利用酒店的毛巾为客人折叠出不同形状的小动物放在床上，为客人带来不一样的住宿体验，提升客人的忠诚度，为酒店带来更多回头客，提高酒店收益。

（二）观察细致，关注细节

酒店客房部员工要有敏锐的观察力。仔细观察细节，发觉客人的偏好或异常等，提供相应的服务，比如清扫房间时发现客人放在桌上的感冒药，为客人留下关心的话语；再如清扫房间时发现客人桌上放着本地旅游图，为客人推荐本地主要的旅游景点及其参观攻略，推荐本地特色美食、购物及娱乐场所等，为客人带来更多的方便。

（三）灵活应变，提高效率

酒店客房部员工要有较强的应变能力。比如，当酒店的规定与客人的实际需求发生冲突时，能够灵活应变，及时满足客人的要求。比如客房配备的免费矿泉水标准为2瓶/日，如果遇到客人生病或者天气特别炎热等特殊情况，可积极主动为客人增加配备量，服务于客人开口之前。

同时，客房部员工在工作时也要具备时间管理能力，在同时面临多项任务时能够分清轻重缓急，按照重要程度及紧急程度开展工作，提高工作效率。比如旺季时，前台不断打电话催促撵房，与此同时，多个客人同时要求借用物品或者维修服务，客房服务员无法分身，又不能对客人的要求置之不理引起客人投诉。因此，客房服务工作并不是打扫客房那么简单。

（四）积极创新，个性化服务

酒店的数量和类型不断增加，竞争日益激烈。酒店客房部员工的工作并非机械地清扫房间而已，需要具备创新意识，能够设计并提供个性化的客房产品来满足不同类型客人的需要。比如为 VIP 客人设计专属的客用品，绣上客人的名字；根据客人的喜好为客人设计主题客房或提供个性化的开夜床服务等，为客人带来惊喜，不断提升客人的满意度和忠诚度。

随着智能化的发展，无人酒店陆续出现，酒店中没有任何人操作，没有大堂、没有经理，甚至连打扫卫生的人员都没有，全程由机器人打理。2022 年北京冬奥会更是让人们见证了"黑科技"的神奇。

但据《华尔街日报》报道，日本长崎的海茵娜（Henn na）酒店，在员工和客人多次抱怨之后，目前已淘汰了 243 台机器人中的一半以上，原因很简单，它们制造的问题比能解决的问题还多，不仅不能帮助人类酒店员工分担工作，还反过来需要人类帮助。所以，未来的客房服务工作仍然需要有创意的人工服务。

每个从事酒店客房部工作的人都有自己的从业故事和心得，下面以大连凯宾斯基酒店客房部工作人员为例，扫描二维码倾听客房人的心声，感受客房职业的艺术。最后，引用重庆万豪酒店国际客房周活动的结束语来感谢被称为"待客师"的客房人："感谢每一个房间，每一个角落都有你们忙碌的身影；感谢你们让客人享受如此干净舒适的环境。酒店里扑鼻的芳香、洁净的大堂、整洁的客房、整齐划一的制服都归功于你们。精彩因你，感谢有你。"

采访客房嘉宾

任务实施

调研节日期间坚守在酒店中的客房人事迹

任务准备	1.手机/手提电脑　2.调研报告	
步骤	动作规范	要求
1　明确调研任务	明确此次调研对象为节日期间坚守在酒店的客房人	自愿坚守岗位
2　多渠道获取信息	多渠道自主搜集相关资料，网上查询、实地调研或与酒店客房部工作人员进行交流等均可	舍小家为大家的不易
3　总结调研材料	对搜集到的资料进行分析、整理及总结	酒店人的奉献精神
4　上交调研报告	形成调研报告并上交	信息真实传递

任务评价

调研节日期间坚守在酒店中的客房人事迹评分表

步骤		动作要求	分值	得分
1	明确调研任务	能够明确此次调研的对象为节日期间坚守在酒店中的客房人	2	
2	多渠道获取信息	能够积极主动地搜集节日坚守岗位的客房人的相关资料	2	
3	总结调研材料	能够认真分析和总结搜集到的各类资料	3	
4	上交调研报告	能够总结形成调研报告上交	3	
		总分	10	

任务巩固及拓展

1. 任务巩固：全班同学分工协作，参照以下流程图及二维码中的参考故事，共同完成"讲好酒店故事——客房人系列"。

任务 1：搜集故事（正面案例）。

任务 2：编辑故事（对故事进行排版，图文并茂，并加上自己的观点）。

任务 3：发布故事（在公众号上发布故事）。

政协委员讲故事——一个窗口 34 年的见证

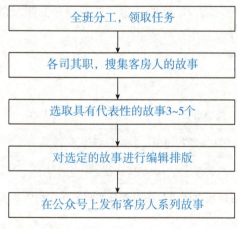

2. 任务拓展：扫描二维码链接任务拓展。

模块二　客房服务

学习本模块，学生能够熟悉客房部的主要工作，包括清洁服务、楼层服务及洗衣房服务，能够为客人提供优质高效的客房服务工作。

模块二 客房服务

项目一

清洁服务

学习本项目，能够了解清洁服务相关的工作，如准备工作、清扫客房、清洁设备等的使用与保养、客房消毒及检查退房等，能够熟悉客房部的清洁服务工作，让客人住得安心、住得放心。

任务一 准备工作

任务引入

客房服务员王姐今天是白班，她提前15分钟到达酒店。她先到更衣室换好工装，按酒店要求整理好仪容仪表；再到客房办公室签到，接受当天工作安排，领取所负责楼层的钥匙及工作表；接着到达自己所负责的楼层开始准备工作车。

学习目标

知识目标： 1. 掌握准备工作车的步骤。
2. 了解布草的折叠方法及配备数量。
3. 了解备品的摆放方法及配备数量。
4. 掌握工作车的使用方法。

能力目标： 1. 能够熟练地准备好工作车。
2. 能够正确地使用工作车。

素养目标： 1. 强化规范意识。
2. 强化安全意识。

基本知识

俗话说："工欲善其事，必先利其器"，工作车（图2-1）是供清洁整理客房用的，有三层或四层大小不同的规格，一般为一面开口，以供放取物品，能够减轻劳动强度，省时。客房服务员在开始清洁客房前，应按要求把工作车布置好。

图2-1 客房工作车

客房工作车的准备工作可以分为以下六个步骤。

准备工作车1

一、检查工作车

检查工作车有无破损，车轮推动是否顺畅，如发现问题，及时通知维修，避免安全隐患。用半湿抹布将工作车表层、车身、内格全部擦拭一遍。

二、补充布草

按照酒店规定的布草配备数量标准，从布草柜中取出床单折叠成小块放入底层最里面一排；取出被套放在底层的外面一排，即床单的外侧；取出浴巾折叠好后放进中间层的左边；取出毛巾折叠好，放在中间层的右边；取出地巾放入工作车上层的左手边；取出枕套，每2个叠成一方块，放在上层的中间。

在实际工作中，每个酒店客房数量、工作车类型可能不同，所需布草的种类和数量也会有所差异，因此，根据酒店实际工作需要来补充布草即可，可遵循"重物在下，轻物在上"的原则。

三、补充易耗品

按照酒店规定的配备数量标准，取出纸杯、杯垫及各类提示牌等物品放置于最上层右手边；补充卷纸、垃圾袋等；注意工作车表层不放置任何一次性用品。如上所述，每个酒店客房数量不同，配备标准不同，因此根据酒店实际工作需要来补充易耗品即可。

四、套垃圾袋

根据酒店规定,在工作车左侧或右侧的大袋子上套黑色垃圾袋。

五、清洁清洁篮

戴上手套整理清洁篮。根据酒店规定的配备量,灌注好清洁剂;将清洁篮中物品拿出,冲洗清洁篮并抹干;将抹布洗净拧干;重新将清洁篮物品按标准摆放整齐,晾好抹布。

六、规范用车

工作车布置好后要规范使用,要注意以下事项以保证安全。
(1)一定要用双手推车。
(2)将工作车停靠在房间门口时,开口要朝内。
(3)工作车一定要靠墙停放,留出空间便于客人在走廊行走。
(4)摆放易耗品时,将印有酒店 Logo 图案的一面朝上,摆放方向一致。
(5)严禁将撤出的脏布草放在客用品上。
(6)服务员离开楼层时,需将工作车推回工作间。

准备工作车 2

任务实施

准备工作车

任务准备		1. 工作车　2. 清洁篮及清洁用具　3. 垃圾袋　4. 工作车上需摆放的物品	
步骤		动作规范	要求
1	检查工作车	用半湿抹布将全车内外清洁干净,注意检查工作车有无故障	仔细认真,每周对车身上一次金属保养剂
2	补充布草	1. 把床单、被套折叠好放到底层 2. 把浴巾、毛巾折叠好放到中间层 3. 将地巾、枕套折叠好放到上层	重物在下,轻物在上
3	补充易耗品	将房间及卫生间备品放到顶层小格里	取用方便
4	套垃圾袋	将车身左侧或右侧的袋子套上垃圾袋	全部扣紧
5	清洁清洁篮	准备好干净的抹布、清洁剂、清洁篮	清洁用品齐全
6	规范用车	规范推车,停靠到位,摆放合规	遵守规范、保证安全

任务评价

准备工作车评分表

步骤		动作要求	分值	得分
1	检查工作车	能够对全车内外清洁、确保无故障	2	
2	补充布草	能够将布草摆放整齐、方便使用	2	
3	补充易耗品	能够将易耗品摆放整齐，方便使用	2	
4	套垃圾袋	能够挂好垃圾袋	1	
5	清洁清洁篮	能够保证清洁篮干净、清洁用品齐全	2	
6	规范用车	能够安全、规范使用工作车	1	
		总分	10	

任务巩固及拓展

1. 任务巩固：参照以下流程图，依托客房实训室，模拟演练如何准备工作车，每人模拟一次。

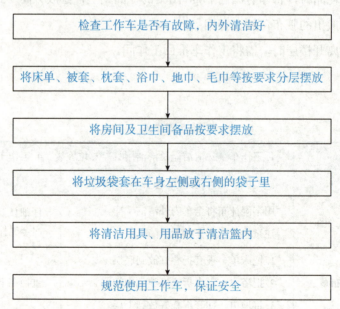

2. 任务拓展：扫描二维码链接任务拓展。

任务二　清扫住客房

任务引入

客房服务员王姐接到电话，1818房间的客人现在有事外出，1小时后有朋友来访，客人要求立即打扫。王姐接到电话后，迅速结束手头工作，赶到1818房间进行清扫。

学习目标

知识目标：1. 掌握住客房的清扫程序。
　　　　　2. 熟悉敲门进房的程序。
　　　　　3. 掌握中式铺床的步骤。
　　　　　4. 熟悉清扫住客房的注意事项。

能力目标：1. 能够按照规范要求敲门。
　　　　　2. 能够独立完成中式铺床。
　　　　　3. 能够完成住客房的清扫。

素养目标：1. 遵守服务礼仪。
　　　　　2. 遵守服务规范。
　　　　　3. 强化安全意识。
　　　　　4. 强化保密意识。

清扫住客房

基本知识

一、住客房的清扫

住客房的清扫程序可以用九个字来概括："进""撤""铺""洗""抹""补""吸""检""登（灯）"，具体内容如下。

（一）进

（1）敲门时，手指微微弯曲，以中指或食指第二关节部位敲门，一次敲3下（一长两短），并通报"客房服务员"（或"Housekeeping"），等待客人反应。

（2）如果听到客人回应，客房服务员应说："客房服务员，请问现在能为您清洁房间吗？"并等待客人开门。如果房内无回应，敲门两次后方可用钥匙开门。第一次敲门与第二次敲门间隔时间约为 5 s。客房服务员身体与门的距离约为 30 cm。

（3）开门时，客房服务员手持房卡，插进钥匙孔，停留约 1 s，拔出房卡，门锁显示绿灯亮，向下转动门把手，把门轻轻推开至 1/2 处，再次通报，并注意观察，确定房间是否有人或有什么特殊情况。确认房中无人后再进入客房。

（4）进入房间后，拉开窗帘、窗纱，同时检查窗帘轨道及挂钩是否完好，并打开窗户通风换气。在工作表上填写进房时间。

（二）撤

（1）清除房间的垃圾，注意检查柜底、床底及房间角落等是否有杂物。
（2）撤掉用过的杯具、加床或餐具。
（3）将用过的床单、被套等撤走，要一件一件地撤，仔细检查是否夹带有客人物品，然后卷好放入工作车一端的布草袋里。

（三）铺

在铺床之前要准备好中式铺床所需的备品：床单、被套、被芯、枕芯和枕套。按要求将所有的备品叠好备用。在操作过程中一定要注意安全。

1. 中式铺床的准备工作

（1）物品准备。中式铺床前，需准备好以下物品：床架 1 个、床垫 1 个、工作台 1 个、床单 1 个、被套 1 个、羽绒被 1 床、枕芯 2 个、枕套 2 个。

（2）备品折叠。
①床单和被套叠法：正面朝里，将宽边对折两次，再将单边在内沿长边对折两次。
②被芯折叠法：沿长边 S 形三等份折叠，再两头向中间折，然后对折。

（3）安全提醒。
①操作"四不要"：不要穿高跟鞋或露趾鞋；不要穿短裤或短裙；不要美甲（指甲不要太长）；不要乱动电源及房间内易损物品等；避免磕碰或受伤。
②操作"四不准"：手臂不准撑床；腿不准跪床；不准绕床头；不准跑动。

中式铺床 1

2. 中式铺床的步骤

准备工作做好后开始铺床，分为以下五个步骤。
（1）拉床整理（图 2-2）。首先将床拉出床头板约 50 cm；整理床垫，做到"三无"：

无毛发、无污渍、无破损。

（2）铺床单（图2-3）。站在床尾，把床单打开，正面朝上，一只手抓住床单尾部，另一只手将床单甩过床头，找到床单中线，对准床垫正中，手臂扬起过肩，用力将床单甩出去（图2-4），用适当的力度将床单全部打开；从右边床头开始依次进行包角（图2-5），内角45°，外角90°，包角紧密平整，式样统一；铺好床单后，将床复位。

图2-2　拉床整理　　　　　　　　　图2-3　铺床单

图2-4　甩床单　　　　　　　　　图2-5　包角

（3）套枕套（图2-6）。先将枕套平放在床面上，找到枕套开口打开充气；用左手手肘将枕芯中间压住，右手拿住枕芯1/3处放进枕套内，将枕套套好，四角到位，饱满挺括，表面平整；套好后将枕头放到一边备用。

（4）套被套（图2-7）。首先把被套打开，找到被套口，充好气；将折好的被芯放到被套中，分清方向，双手抓住两个被角向被套顶部两个角伸进；先把左边被角对齐左边被套角，然后把右边被角对齐套住，顺着被芯边与被套边拉下，让被芯尽量与被套符合，把套好的被子放到床上，要求不能有皱褶，将床头一侧被子向外翻折约30 cm，尾部自然下垂。然后将套好的枕头放在床头正中间，枕头边与床头平行。

（5）全面整理。对整个床面进行简单的整理，做到三线对齐，平整美观（图2-8）。

图 2-6　套枕套　　　　　图 2-7　套被套　　　　　图 2-8　铺好的床

床铺好以后，应该先打扫卫生间，以便留一定的时间，等因铺床而扬起的灰尘落下后，再用抹布除尘。

（四）洗

卫生间是客人最容易挑剔的地方，必须严格按操作规程进行清扫，使之达到规定的卫生标准。

1. 准备用具

带好小垫毯、抹布、清洁篮等清洁用具。

2. 清除脏物

撤掉脏布巾，所有脏物放入垃圾桶的塑料袋中，将塑料袋放入工作车的垃圾袋中；可再利用物品，如肥皂头等集中放在清洁篮内。使用专用清洁剂擦洗面池、大理石台面和水龙头等金属器件，用水冲净；面盆塞与溢水口也要清洁，不能有毛发。

3. 清洗淋浴区

使用专用工具清洁淋浴区墙面、水龙头、淋浴蓬头、防滑垫等，清洗完后放水冲洗。用专用的马桶刷清洗马桶，蘸着清洁剂擦洗马桶内壁、出水孔及底部，并放水冲净。

4. 擦拭镜面与洗手池

（1）用干抹布从上至下擦净、擦亮镜子。千万不能把毛巾当抹布。

（2）用干抹布擦拭毛巾架的表面，确定表面无污迹、水迹，必要时可用抛光剂，以免损坏电镀表面。

（3）用抹布擦干、擦亮洗脸池、两侧墙砖、不锈钢器皿。

5. 擦干淋浴区与马桶

（1）用干净抹布擦干淋浴区墙面、水龙头、淋浴蓬头等；擦干地面和防滑垫上的水迹。

（2）用马桶布将马桶外壁、盖板、垫圈、底座及水箱等消毒擦净。用百洁布擦马桶后的墙面及地面并擦干。擦净卫生纸架，并顺手整理卫生纸。

6. 清洁浴室门

从上至下擦拭门的正反两面、门框、门顶和上部凹槽。

7. 清洁墙面、排风口和地面

开启排风口，擦净；用湿布蘸少量的清洁剂从上至下、从里至外清洁墙面和地面并擦干。

（五）抹

（1）从门外抹至门内，并注意门把手和门后安全图的抹拭。

（2）按顺（或逆）时针方向，从上到下，把房间的家具等物品抹一遍，并要注意家具的底部及边角位均要抹到。

（六）补

（1）补充卫生间内的用品，按统一要求摆放整齐。

（2）面巾纸、卷纸要折角，既美观又方便客人使用。

（3）"三巾"——浴巾、毛巾、地巾按规定位置摆放整齐。

（4）补充房内物品，均需按酒店要求规格摆放整齐。

（5）补充杯具。

（6）补充房间物品要根据酒店规定的品种数量及摆放要求补足、放好，注意商标面向客人。

（七）吸

（1）先把吸尘器电线理顺，插上电源，把吸尘器拿进房间再开机。

（2）先从窗口吸起（有阳台的房间从阳台吸起）。

（3）吸地毯时要按照先逆纹、后顺纹方向推把。

（4）吸边角位或有家具阻挡的地方时，先移动家具，吸尘后复位。

（5）吸卫生间地板。要注意转换吸尘器的功能，使其适宜硬地板，地板有水的地方不能吸，防止漏电和发生意外。

（八）检

检就是自我检查。房间清扫完毕，客房服务员应环顾房间，看清扫得是否干净，物品是否齐全，摆放是否符合要求。最后，还须检查窗帘、窗纱是否拉上，窗户是否关上。

（九）登（灯）

（1）将房内的灯全部熄灭。

（2）将房门轻轻关上。

（3）登记离房的时间和工作表的内容。

二、清扫住客房的注意事项

（1）不得随意挪动客人物品；对笔记本、文件、报纸、杂志、影集等稍加整理，不准翻看。

（2）客人未饮完的饮料，暂不要清洗与调换，可另外补一个干净的纸杯。

（3）客人原来开的灯、空调挡位不要改变，但需检查。

（4）清洁住客房时，不得接听房内电话。

（5）如客人在房间要向客人表示歉意。打扫结束应征询客人意见并道别，"房间已经整理好了，请问还有什么可以帮您？"

（6）发现住客生病、饮酒过量或有设备损坏要及时通知客房主管。

（7）房间有贵重物品或大量现金等，必须立即退出通知主管，主管及时与客人联系。如房间有大量衣物行李不宜整理，留言说明，"因不便挪动您的物品，故暂时没有整理，如有需要请致电前台。"

清扫住客房时，客房服务员就像"幕后魔术师"一样，借助神奇的双手和工具，挥动"魔法棒"，让客人见证一个又一个的奇迹，带给客人一份又一份的惊喜，甚至是感动。客房人正是通过默默无闻的付出，创造出"会说话的房间"，与客人默契地沟通与交流。欣赏着自己的作品，获得客人的认可，客房人的成就感和自豪感油然而生，而这正是客房服务的魅力所在。

三、智能化在客房清扫工作中的应用

华住酒店集团在客房工作中借助"易客房"系统作为酒店运营的加速器，是员工的 AI 助手。"易客房"系统的特点是全业态、云部署、上手快。

作为客房服务员，可以使用"易客房"系统进行以下操作：员工下班、布草录入、客用品录入、客需、DND 房、大清、遗留物品等，省去了纸质报表的烦琐，避免员工随时关注各种微信群消息或频繁接打电话，使沟通更加及时有效，实现了信息共享。

中式铺床 2

任务实施

敲门进房

任务准备	1. 工作车　2. 房卡		
步骤		动作规范	要求
1	敲门	手指微微弯曲，以中指或食指第二关节部位轻轻敲门，每次敲3下，敲两次，并通报"Housekeeping，客房服务员（两次敲门相隔3～5 s）"，等待客人反应	敲门时注意"一长两短"，表情自然大方
2	等待回应	如果听到客人回应，客房服务员应说："客房服务员，请问现在能为您清洁房间吗？"并等待客人开门；如果房内无回应，敲门两次后方可用钥匙开门	注重服务礼仪，使用礼貌用语
3	开锁开门	客房服务员手持房卡，插进钥匙孔，停留约1 s，拔出房卡，门锁显示绿灯亮，向下转动门把手，把门轻轻推开至1/2处，再次通报，并注意观察，确定房间是否有人或有什么特殊情况，确认房中无人后再进入客房	注意身体与门保持30 cm距离，注重保护个人隐私

中式铺床

任务准备	1. 床　2. 中式铺床备品（床单、被套、枕套、枕芯、被芯）		
步骤		动作规范	要求
1	拉床整理	双手把床拉出床头板约50 cm；整理床垫	做到"三无"：无毛发、无污渍、无破损
2	铺床单	一只手抓单头，另一只手抓单尾，将床单打开	床尾中间操作
		正面朝上，一只手抓住单尾，呈直线形将单头抛向床头	注意安全，不要用力过猛
		找到床单中线，对准床垫正中，左右手分别抓住单尾平行于中线的左右两线，手臂扬起过肩，用力将床单甩出去，用适当的力度将床单全部打开	中线居中，单面平整，四边均匀下垂
		从右边床头开始依次进行包角，内角45°，外角90°，包角紧密平整，式样统一	注意托起床垫时，不要抬得过高，以免把床单弄松弄散
		铺好床单后，将床复位	注意安全
3	套枕套	将枕套平放在床面上，找到枕套开口打开充气；用左手手肘将枕芯中间压住，右手拿住枕芯的1/3处放进枕套内，将枕套套好，四角到位，饱满挺括，表面平整；套好后将枕头放到一边备用	枕头要外形平整挺括，四角饱满

续表

任务准备	1. 床 2. 中式铺床备品（床单、被套、枕套、枕芯、被芯）	
步骤	动作规范	要求
4	套被套	把被套打开，找到被套口，充好气；将折好的被芯放到被套中；分清方向，双手抓住两个被角向被套顶部两个角伸进；先把左边被角对齐左边被套角，然后把右边被角对齐套住，顺着被芯边与被套边拉下，让被芯尽量与被套符合；把套好的被子放到床上，要求不能有皱褶，将床头一侧被子向外翻折约 30 cm，尾部自然下垂；将套好的枕头放在床头正中间，枕头边与床头平行	床尾中间操作，操作干净利索，注意规范，注重安全
5	全面整理	对整个床面进行简单的整理	三线对齐，平整美观

住客房清扫

任务准备	1. 工作车 2. 清洁篮及清洁用具 3. 吸尘器	
步骤	动作规范	要求
1	进	按规定程序敲门进房；打开窗帘；填写工作表（详见敲门进房）	注意敲门规范，尊重客人隐私
2	撤	撤垃圾、撤杯具等；撤下的床单等放到布草袋中	注意安全；注意查看杯内、床单内有无客人物品
3	铺	按规定程序和标准将床铺好（详见中式铺床）	注意规范；注意安全，避免受伤
4	洗	清除脏物；清洗淋浴区；擦干淋浴区与马桶；清洁浴室门；清洁墙面、排风口和地面	注意安全防护；注意区分抹布
5	抹	从门开始顺时针操作，遵循"从上到下、从里到外、先湿后干"的原则，擦拭衣柜、写字台、电视机、床头柜等家具物品	干净、无尘；干湿分开；边抹边检；注意安全
6	补	按酒店配备要求，补充客人用过的物品	保证物品齐全，摆放规范
7	吸	打开吸尘器开关，双手握住吸管，从窗口吸起，慢慢后退，直至房门口	操作规范；注意安全
8	检	环视房间，自我检查，关窗、关窗帘	仔细自查，查遗补漏
9	登（灯）	关灯关门，记录离开时间及填写工作表	记录及时准确

任务评价

敲门进房评分表

步骤		动作要求	分值	得分
1	敲门	按规定程序敲门，轻重、节奏得当	4	
2	等待回应	语气柔和，站位正确	3	
3	开锁开门	操作熟练	3	
		总分	10	

中式铺床评分表

项目	要求细则	分值	扣分	得分
仪容仪表（5分）	头发干净、整体着色自然，发型符合岗位要求	1		
	服装、鞋子、袜子符合岗位要求，干净整齐，衣服熨烫挺括	2		
	手部洁净、指甲修剪整齐，不涂有色指甲油。不戴过于醒目的首饰，号牌佩戴规范	1		
	仪态端庄、站姿、走姿规范优美，表情自然大方，面带微笑	1		
床单（23分）	开单一次成功（两次及以上不得分）	1		
	抛单一次成功（两次及以上不得分）	1		
	打单定位一次成功（两次扣2分，三次扣3分，三次以上不得分）	4		
	床单中线居中，不偏离床中线（偏1 cm以内不扣分，偏1～2 cm扣1分，偏2～3 cm扣2分，偏3～4 cm扣3分，偏4 cm以上不得分）	4		
	床单正反面准确（毛边向下，抛反不得分）	1		
	床单表面平整光滑（每条水波纹扣1分，四条以上不得分）	4		
	包角紧密垂直平整，式样统一（90°）	4		
	四边掖边紧密平整（每条水波纹扣1分，四条以上不得分）	4		
床套（4分）	一次抛开，平整光滑（两次扣2分，三次扣3分，三次以上不得分）	4		

续表

项目	要求细则	分值	扣分	得分
羽绒被（39分）	羽绒被放于床尾，羽绒被长宽方向与被套一致	1		
	抓住羽绒被两角一次性套入被套内，抖开被芯，操作规范、利落（操作错误两次扣2分，三次扣3分，三次以上不得分）	4		
	抓住床尾两角抖开羽绒被并一次抛开定位（操作错误两次扣2分，三次扣3分，三次以上不得分）	4		
	羽绒被在被套内四角到位，饱满、平展（每角1分）	4		
	羽绒被在被套内两侧两头平整（每一侧一头1分）	4		
	被套中线居中，不偏离床中线（偏1 cm以内不扣分，1～2 cm扣1分，偏2～3 cm扣2分，偏3～4 cm扣3分，偏4 cm以上不得分）	5		
	被子与床头平齐（以羽绒被翻折处至床头距离45 cm为评判标准，相差1 cm以内不扣分，1～2 cm扣1分，2～3 cm扣2分，3～4 cm扣3分，4 cm以上不得分）	4		
	羽绒被在床头翻折45 cm（每相差2 cm扣1分，不足2 cm不扣分）	4		
	被套表面平整光滑（每条水波纹扣1分，四条以上不得分）	4		
	被套口平整且要收口（2分），羽绒被不外露（1分）	3		
	尾部自然下垂，两角美观、一致	2		
两个枕头（14分）	四角到位，饱满挺括	4		
	枕头开口朝下并反向于床头柜	1		
	枕头边与床头平行	2		
	枕头中线与床中线对齐（偏1 cm以内不扣分，偏1～2 cm扣1分，偏2～3 cm扣2分，偏3～4 cm扣3分，偏4 cm以上不得分）	3		
	枕套沿无折皱，表面平整美观，自然下垂	4		

续表

项目	要求细则	分值	扣分	得分
总体效果（10分）	三线对齐（偏1 cm以内不扣分，偏1～2 cm扣1分，偏2～3 cm扣2分，偏3～4 cm扣3分，偏4 cm以上不得分）	5		
	平整美观	5		
综合印象(5分)	操作过程中动作娴熟、敏捷，姿态优美，能体现岗位气质	5		
合计		100		

操作时间：＿＿min＿＿s　　　　超时：＿＿s　　　　扣分：＿＿分
选手跑床、跪床、撑床：＿＿次　　　　　　　　　　扣分：＿＿分
违例扣分：＿＿分　　　　　　　　　　　　　　　　合计扣＿＿分

备注：

实 际 得 分

资料来源："鼎盛诺蓝杯"第十一届全国旅游院校服务技能（饭店服务）大赛中客房服务员赛项评分标准。

住客房清扫评分表

步骤		动作要求	分值	得分
1	进	按规定程序敲门进房；打开窗帘；填写工作表	2	
2	撤	依次撤出杯具等；撤出用过的床单等放到布草袋里	2	
3	铺	按铺床标准操作	4	
4	洗	按标准清洗卫生间；补充巾类备品；擦地、吸尘	4	
5	抹	按顺序依次抹尘，所有物品擦完后按规定摆放好	2	
6	补	物品补充齐全，摆放规范	2	
7	吸	使用规范；吸尘彻底	2	
8	检	检查仔细；自查自纠	1	
9	登	记录及时准确	1	
		总分	20	

任务巩固及拓展

1. 任务巩固： 依托客房实训室，参照下列流程图，独立完成以下任务。

（1）住客房清扫全过程（其中铺床环节可以省略，会单独布置铺床任务）。

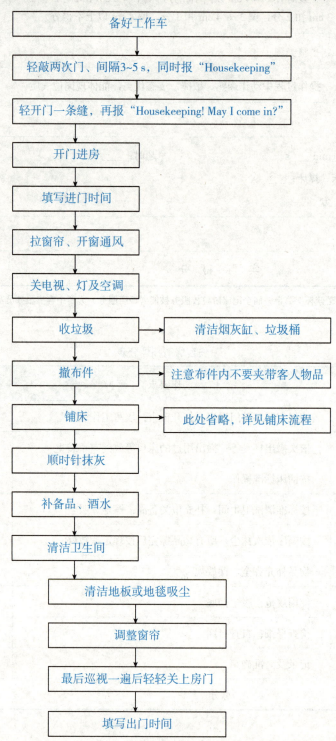

（2）铺床技巧展示。

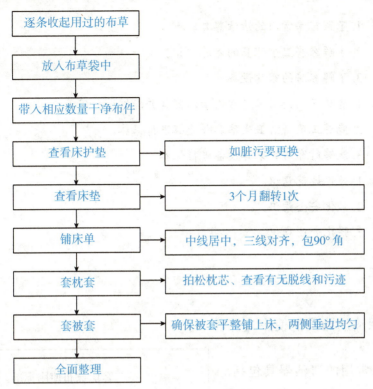

2. 任务拓展：扫描二维码链接任务拓展。

任务三　清洁设备等的使用与保养

任务引入

清洁设备等使用与保养

客房服务员王姐今天的任务量很大（因为同事李姐生病请假，人手不足），前台不断打电话催促，王姐急于完成任务，在清扫住客房1818房间时使用浴巾当抹布擦拭洗手台，刚好客人临时有事回房间看到了这一幕，立即投诉并质问："五星级酒店服务员难道分不清浴巾与抹布吗？"最后由房务部经理出面解决了这一问题。

学习目标

知识目标： 1. 了解客房常用的清洁器具。

2. 了解客房卫生洁具的保养常识。

3. 了解客房的家具设备。

能力目标： 1. 能够正确使用客房常用清洁器具并能够进行保养。

2. 能够正确清洁卫生洁具并能够进行保养。

3. 能够对客房的家具设备进行保养。

素养目标： 1. 强化规范意识。

2. 强化安全意识。

3. 强化专业意识

基本知识

一、客房常用清洁器具的使用与保养

酒店客房常用的清洁器具包括抹布、房务工作车、吸尘器等，因使用频率高，在日常工作中一定要做到安全使用和及时保养，延长设备使用寿命。

（一）抹布的使用与保养

（1）抹布的使用频率和淘汰率很高，因此需要的数量很多，在实际工作中，酒店通常使用"五色"抹布（图2-9）来区分抹布的不同用途，便于员工能使用符合标准的各类抹布。

（2）抹布可折叠起来多面使用，这样既能提高工作效率，又能保证清洁质量。

（3）抹布通常由洗衣房负责洗涤与消毒，确保抹布的清洁质量。

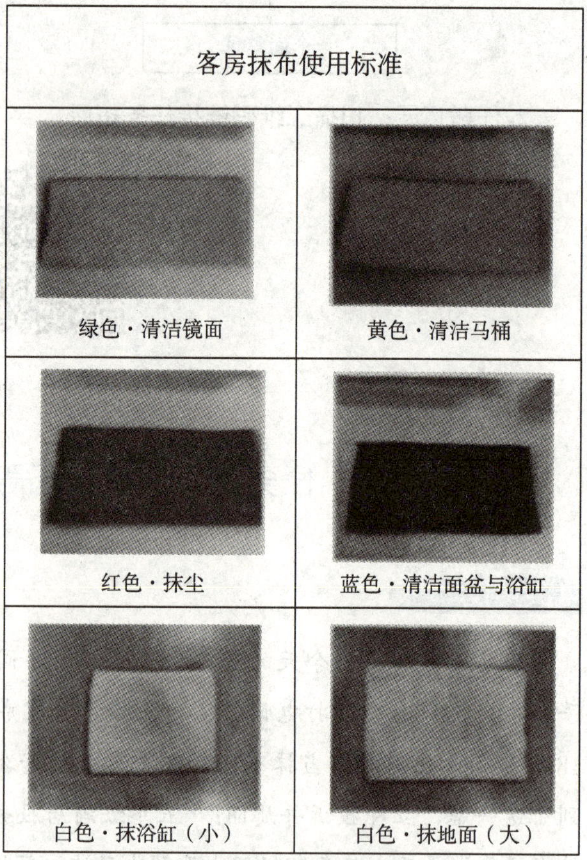

客房抹布使用标准	
绿色·清洁镜面	黄色·清洁马桶
红色·抹尘	蓝色·清洁面盆与浴缸
白色·抹浴缸（小）	白色·抹地面（大）

图2-9 客房五色抹布

（二）房务工作车的使用与保养

（1）房务工作车的布置要按酒店的规定进行，不能随便堆放杂物。

（2）推拉工作车时要注意转弯轮在前，定向轮在后，避免硬拉。

（3）房务工作车要经常擦拭，保持清洁。

（4）要定期对房务工作车车轮进行润滑和消声，定期让工程维修人员修检零部件。

（三）吸尘器的使用与保养

1. 吸尘器的使用

（1）使用吸尘器时按下列步骤操作：套上吸尘耙杆；插上电源并按动开关；吸尘。吸硬地面时，应按耙上调节开关使毛刷伸出；吸地毯时，应将毛刷按回吸嘴内。

（2）使用后按下列步骤操作：关闭电源，取下吸尘耙杆；电源线绕好挂在机身上。

（3）使用时的注意事项：插上电源前应先检查电源线是否破损，清理地面上稍大的物体时，应避免堵塞吸管；吸尘时不要让机器碾轧电源线。

2. 吸尘器的日常保养

（1）每天下班前擦机身1次。

（2）每周清理尘袋1～2次，清洁方法：打开桶耳，取出尘隔、尘袋；将尘袋底部的固定套拉开倒出垃圾；开动另一台吸尘器，用其软吸管将尘袋内外隔吸干净。

服务员在每天使用吸尘器时要随时检查机器情况，发现异常及时报修，并做好记录。

二、客房卫生洁具的使用与保养

（一）"三缸"的使用与保养

酒店客房卫生设备要勤擦洗，对于卫生间的"三缸"即洗脸盆、浴缸、马桶等设施，在擦洗时既要使其清洁，又要防止破坏其表面光泽，因此一般选用中性清洁剂，切不可用强酸或强碱性清洁剂。

对浴缸、洗脸盆、马桶等卫生设备进行保养，应特别注意防止水龙头或淋浴喷头滴漏水，发生问题及时报修，否则，久而久之会使卫生洁具发黄，难以清洁。

（二）金属制品的使用与保养

（1）金属制品在潮湿的环境中易被氧化，因此清洁时应用柔软的干抹布清洁，不可用湿抹布，污迹过多时可用中性或弱碱性清洁剂清洁。

（2）避免使用酸性清洁剂，以免腐蚀金属表面，使金属表面变色。

（3）金属制品上的水印应立即擦干，保持其干燥、清洁、光亮。否则，长时间会引起氧化。

（4）定期使用金属光亮剂，保养金属表面。光亮剂会在金属表面形成一层保护膜，增加金属制品的寿命，使之光亮。

在此介绍几种卫浴洁具的保养小窍门。

1. 防渗防霉

卫浴间的墙壁多采用瓷砖装饰，为保持其清洁，可使用多功能去污膏进行清洁。瓷砖缝隙，可先用牙刷蘸少许去污膏除垢，再在缝隙处刷道防水剂。这样不仅能防渗，还能防霉菌生长，为整个卫浴空间营造温馨健康的环境。

2. 巧擦玻璃

镜面及窗户长期使用后会蒙上水印，变得模糊。可以用喷雾式的玻璃清洁剂在整块玻璃上喷出一个大大的 X 形，然后用拧干的抹布顺着一个方向擦一圈，等到玻璃七分干时，再用干抹布擦一遍；还可用旧报纸擦，报纸的油墨可以让玻璃光亮如初。

3. 水龙头锃亮

水龙头经常会沾到沐浴露、洗发水等，这些洗涤用品会使水龙头镀铬的表面失去光泽。可以把中性的清洁剂喷在软棉布上轻轻擦拭水龙头，每周一次。切勿用酸性的或具研磨作用的清洁剂、钢丝刷来清洁水龙头。

4. 马桶增白

马桶在使用一段时间后，难免会出现一些污垢及垢渍，如果不及时清洁与保养，会影响到人们的日常卫浴生活。可拿马桶刷清洗一遍后，再倒进 5～10 mL 的清洁剂或盐酸液，用刷子涂均匀后洗擦，如污垢较重，可再倒少许清洁剂进行浸泡后洗擦，直至干净，接着用净水冲干净即可。

三、客房家具设备的使用与保养

客房的家具设备有很多，客房服务人员要掌握正确的使用方法并适时保养，提升家具设备的使用年限，节约成本。在此重点介绍以下六种常用的家具及设备。

（一）床及床垫的清洁与保养

1. 床的清洁与保养

床架各部分的活动走轮和定向轮使用频繁，一旦出现脱落和破损，应及时报修和更换。

2. 床垫的清洁与保养

（1）加铺保护垫在床垫上，注意用松紧带将保护垫固定在床垫上，否则保护垫在铺床时容易滑动，给操作带来困难，保护垫脏时更换即可。

（2）定期翻转床垫。视床垫使用状况和年限，每季度或半年翻转一次，使床垫各处压力和磨损相同，避免凹凸或倾斜。

（3）经常检查床垫弹簧的固定钮是否脱落，如果脱落，弹簧会移动，必须及时报修，否则床垫损坏，影响客人睡眠。

（4）若发现床垫四周边上有积尘，及时用小扫帚清除。

（5）在客房使用率较低时，用吸尘器清洁床垫。

（二）沙发的清洁与保养

（1）沙发面有污点时，及时用清洁剂去除污迹。

（2）经常翻转沙发坐垫，以保证坐垫受力均匀。

（3）经常对沙发吸尘，以保持其清洁。

（4）不能在沙发坐垫上踩跳，否则会损坏坐垫内的弹簧。

（三）电视机的装饰与保养

电视机要避免安装在光线直射的位置，切忌暴晒，否则会加速显像管老化，机壳开裂；也不能放在潮湿的地方，要防止酸、碱性气体侵蚀，引起金属件生锈，产生接触不良等问题。

在雨季，除应注意安装位置以外，最好每天开机使用一段时间，利用工作时机器自身散发的热量驱潮。清扫客房时，每天用干抹布擦去电视机外壳上的灰尘，避免经常搬动。

（四）空调的清洁与保养

要定期对鼓风机和导管进行清扫，每隔2～3个月清洗一次进风过滤网，以保证通风流畅，电动轴承转动部分要定期加注润滑油。

（五）电话的清洁与保养

每天要用干抹布擦净电话机表面的灰尘，话筒每周用酒精消毒一次。

（六）木质家具的清洁与保养

客房中多选用木质家具，如写字台、书桌等，木质家具质轻、手感适中、纹理美观，在客房中得到广泛运用。由于木材本身容易变形、易燃、质地结构不均匀等，家具在使用时要注意清洁与保养。

1. 防潮

木质家具受潮后容易变形、开胶和掉漆，因此家具放置一般要距墙 5～10 cm，并要注意经常通风换气，在长期不通风、特别是潮气较重的房间，家具易发霉、开裂和掉漆，平时注意不要把受潮的物品，如毛巾、衣服等搭放在木质家具上，擦拭家具的抹布不能带水，只能用软质的干抹布轻轻擦拭，才能保证家具的光洁度。

2. 防水

清扫房间时，见到水迹要及时擦干；若家具粘上难以擦拭的污垢，可用抹布蘸少许多功能清洁剂或少许牙膏擦拭，然后用湿润的抹布去除。

3. 防热

木质家具受阳光暴晒容易收缩，应避免烈日暴晒。

4. 防虫蛀

壁柜、抽屉底层内宜放些防虫香或喷洒防虫剂，以防虫蛀。木质家具常用花椒水擦拭可以防止虫蛀。

5. 定期打蜡

使用时间较长的家具会失去光泽，因此必须定期打蜡上光。

任务实施

吸尘器的使用与保养

任务准备	1. 吸尘器　2. 一间客房	
步骤	动作规范	要求
1　开机	确认吸尘器设备正常，把吸尘器拉入房内，插上电源并按动开关	双手握住吸管，拱起腰背，身体与握吸管的手成60°角
2　吸房间地毯	使吸尘器保持吸地毯时的工作状态，从里到外，边吸边慢慢后退，直至房门口	吸地毯时要将吸尘器耙头向同一方向推拉，以确保地毯平整
3　吸卫生间	先把耙头上的毛刷转换开关打开，再开始操作	注意保护设备
4　关机	把吸尘器开关关上，拔下电源插头	注意安全，不要直接断开电源
5　收机	将电源线绕好挂在机身上	避免电源线扭成一团
6　摆放	将吸尘器斜靠在走廊靠近房间一侧的墙上，留出空间方便客人通行	防止吸尘器挡住走廊过道或者绊倒客人

不锈钢表面清洁流程

任务准备	1.不锈钢光亮剂　2.软抹布两块　3.水龙头等不锈钢制品		
步骤		动作规范	要求
1	清洁去尘	清洁不锈钢制品表面灰尘	使用软抹布，避免产生划痕
2	擦拭抛光	摇匀光亮剂，喷在抹布上由上往下擦拭	不要直接将光亮剂喷到不锈钢制品上
3	换布擦拭	换一块干净的抹布擦，直至光亮无污迹或手印为止	一定要用软抹布
4	收回工具	将光亮剂及抹布收回	注意规范性

电话的清洁与保养

任务准备	1.电话机　2.清洁剂　3.抹布两块		
步骤		动作规范	要求
1	清洁话筒	将清洁剂喷在湿抹布上，把电话筒擦干净	清洁剂要适量
2	清洁电话机身	将电话内侧和机身擦干净，清洁按钮中间的缝隙	注意细节
3	清洁电话线	清洁电话线与电话周围	注意电话线不要扭曲
4	放回原处	用干抹布擦亮电话并放回原处	确保电话无尘、无菌

木质家具保养工作流程

任务准备	1.客房内木质家具　2.清洁剂　3.家具上光蜡　4.软抹布两块		
步骤		动作规范	要求
1	准备好抹布	将干抹布对折两次，放到手掌上	注意要用干抹布
2	喷清洁剂	喷少许清洁剂在抹布上	注意清洁剂的用量要少
3	擦拭家具	从左到右擦拭家具	注意擦拭顺序
4	给家具打蜡	在抹布上喷好蜡水，轻轻擦拭家具表面	打蜡要均匀，蜡层薄厚得当
5	收回用具	把所有用品收回	保证工作现场整洁

任务评价

吸尘器的使用与保养评分表

步骤		动作要求	分值	得分
1	开机	能够正确启动吸尘器	1	
2	吸房间地毯	能够正确使用吸尘器吸地毯，吸尘方法正确	4	
3	吸卫生间	能够转换毛刷吸卫生间，吸尘方法正确	2	
4	关机	能够正确关闭吸尘器	1	
5	收机	能够将电源线绕好挂在机身上	1	
6	摆放	能够将吸尘器放到正确位置	1	
		总分	10	

不锈钢表面清洁流程评分表

步骤		动作要求	分值	得分
1	清洁去尘	能够使用正确方法去尘	2	
2	擦拭抛光	能够正确使用光亮剂擦拭	4	
3	换布擦拭	能够更换一块干抹布继续擦拭	3	
4	收回工具	能够收回所有工具	1	
		总分	10	

电话的清洁与保养评分表

步骤		动作要求	分值	得分
1	清洁话筒	能够正确使用清洁剂清洁话筒	2	
2	清洁电话机身	能够仔细清洁电话机身及缝隙等位置	4	
3	清洁电话线	能够正确清洁电话线	3	
4	放回原处	能够将清洁完的电话放回原处	1	
		总分	10	

木质家具保养工作流程评分表

步骤		动作要求	分值	得分
1	准备好抹布	能够准备好干抹布	1	
2	喷清洁剂	能够喷少许清洁剂在抹布上	2	
3	擦拭家具	能够正确擦拭家具	3	
4	给家具打蜡	能够正确使用蜡水擦拭家具表面	3	
5	收回用具	能够把所有用品收回	1	
		总分	10	

任务巩固及拓展

1. 任务巩固：参照下列流程图，尝试在宿舍或家中完成以下任务中的一项。

（1）木质家具保养工作流程。

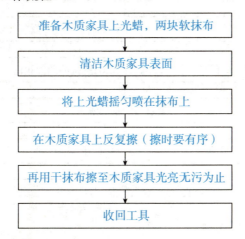

（2）吸尘器保养工作流程。

（3）不锈钢表面清洁工作流程。

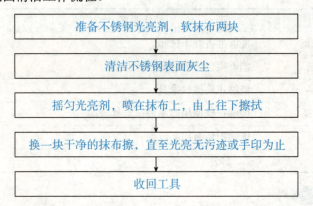

（4）沙发清洁工作流程。

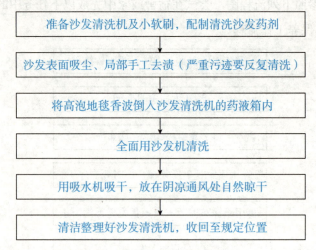

（5）空调出风口清洁工作流程。

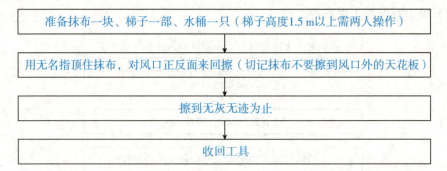

2. 任务拓展：扫描二维码链接任务拓展。

任务四　客房消毒

任务引入

客房服务员王姐今天要给徒弟小张讲解客房消毒的方法和注意事项。她们认真地做好每项消毒工作,为客人创造更加安心的住宿环境。

学习目标

知识目标: 1. 熟悉消毒液的知识。
2. 了解酒店的消毒相关知识。

能力目标: 1. 能够按要求做好杯具的消毒。
2. 能够按要求完成卫生间的消毒。

素养目标: 1. 强化专业意识。
2. 强化安全意识。

客房杀菌消毒

基本知识

酒店客房的杀菌消毒工作非常重要,为了保障酒店的信誉及宾客的安全,酒店必须遵循严格的客房卫生消毒程序。

一、杯具消毒

杯具消毒要做到一刷二洗三冲四消毒,在消毒后要做好保洁,防止污染,具体程序如下。

(1) 将房间内客人用过的茶杯、水杯撤出,统一集中放在消毒间,用专用洗洁精进行清洗。

(2) 将清洗完毕后的茶杯(需加盖)和水杯放入消毒柜内消毒,消毒时杯具不能超过容器的3/4,在100 ℃以上消毒15～30 min;水杯放入消毒桶内配比为1:(200～300)的消毒液中浸泡30 min以上,然后用冷水冲洗干净。

(3) 消毒后的杯具晾干后放入保洁柜内备用。

(4) 严禁未经消毒的杯具进入客房。

(5) 消毒柜在未使用的情况下不能存放任何物品,且要保持洁净。

(6) 保洁柜内严禁存放未消毒的杯具和个人物品,以及与杯具消毒无关的东西。

二、客房卫生间清洗消毒

客房卫生间的清洗消毒应先上后下清扫,先清洗后消毒,先从污染最轻处开始(洗脸盆—浴缸—马桶),具体步骤如下。

(1)启动通风设施,取走卫生间内所有的废弃物。

(2)使用专用工具分别洗刷面盆、浴缸、马桶,刷子一定要区分开,禁止混放在一起。

(3)消毒液按1:(200~300)的比例配制,对"三缸"进行喷洒或抹洗消毒,作用时间为30 min。

三、客房内其他消毒规定

(1)客房内保持空气清新,符合卫生标准要求。

(2)做好杀虫(蚊子、苍蝇、蟑螂、蜘蛛、蚂蚁、跳蚤等)、灭鼠工作。

(3)每天客人用过的布草(床罩、枕套、浴巾、面巾等)必须撤下更换。

(4)定期清洗床罩等床上用品及地毯、沙发、窗帘等并做好记录。

(5)定期对电话进行酒精擦拭消毒。

任务实施

杯具消毒

任务准备	1.茶杯、水杯 2.洗洁精 3.消毒液 4.消毒柜 5.干抹布 6.洗水池	
步骤	动作规范	要求
一刷	先将客人用过的茶杯、水杯刷干净	注意安全,轻拿轻放
二洗	用专用洗洁精清洗杯具	注意洗洁精的用量
三冲	用清水冲洗干净	用冷水
四消毒	将水杯浸泡在消毒液里,用流动的水冲掉消毒液	消毒液配比为1:(200~300),浸泡30 min以上
四消毒	将洗好的茶杯(需加盖)放入消毒柜内消毒	杯具不能超过容器的3/4,在100℃以上作用15~30 min
五存放	消毒后的杯具晾干后放入保洁柜内备用	保洁柜内严禁存放与杯具消毒无关的东西

卫生间消毒

任务准备		1. 卫生间　2. 清洁剂　3. 消毒液　4. 马桶刷　5. 浴缸刷	
步骤		动作规范	要求
清理垃圾		启动通风设施，清理卫生间内所有垃圾	不要随意将客人物品作为垃圾丢弃
清洗	洗脸盆	用专用工具及清洁剂洗刷洗脸盆	工具禁止混放，注意清洁剂使用方法
清洗	浴缸	用专用工具及清洁剂洗刷浴缸	工具禁止混放，注意清洁剂使用方法
清洗	马桶	用专用工具及清洁剂洗刷马桶	工具禁止混放，注意清洁剂使用方法
消毒	洗脸盆	对洗脸盆进行喷洒或抹洗消毒	消毒液按 1:（200～300）的比例配制，作用时间为 30 min
消毒	浴缸	对浴缸进行喷洒或抹洗消毒	消毒液按 1:（200～300）的比例配制，作用时间为 30 min
消毒	马桶	对马桶进行喷洒或抹洗消毒	消毒液按 1:（200～300）的比例配制，作用时间为 30 min

任务评价

杯具消毒评分表

步骤		动作要求	分值	得分
1	刷	能够将茶杯、水杯刷干净，轻拿轻放	2	
2	洗	能够用专用洗洁精清洗杯子，注意洗洁精用量	2	
3	冲	能够用冷水将杯具冲洗干净	1	
4	消毒	能够使用正确方法将水杯、茶杯消毒	3	
5	存放	能够将消毒后的杯具放入保洁柜内备用	2	
		总分	10	

卫生间消毒评分表

步骤		动作要求	分值	得分
1	清理垃圾	能够启动通风设施，清理卫生间内所有垃圾	1	
2	清洗"三缸"	能够用专用工具及清洁剂洗刷洗脸盆、浴缸和马桶	3	
3	消毒"三缸"	能够对洗脸盆、浴缸和马桶进行喷洒或抹洗消毒	6	
		总分	10	

任务巩固及拓展

1. 任务巩固：参照以下流程图，使用 84 消毒液等对宿舍或家里卫生间进行消毒。

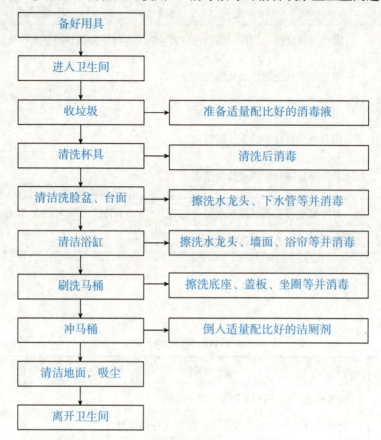

2. 任务拓展：扫描二维码链接任务拓展。

任务五　检查退房

任务引入

客房服务员王姐今天的任务单中有 5 间房都是预离，她一边工作一边关注预离房间的客人是否离店，随时做好查房准备。

学习目标

知识目标： 1. 了解敲门进房的正确程序。
2. 了解查房时的重点及注意事项。

能力目标： 1. 能在3分钟内完成查房，如有问题及时与前台沟通。
2. 能够正确处理客人遗留物品。

素养目标： 1. 强化诚信意识。
2. 注重敲门礼仪。
3. 强化细节意识。

检查退房

基本知识

客人入住和退房是酒店服务中发生最频繁的两个业务流程，每天都有大量的入住和退房业务，退房时需要进行查房，以核查酒店设施设备和客人遗留物品等。查客退房必须按照标准流程进行，我们将其总结为查房"三部曲"，即敲门进房—检查房间—报告登记。

一、敲门进房

（1）客房服务员接到前台退房查房通知后，问清楚要退房的房号并确认，然后去查房。

（2）按敲门的正确礼仪敲门，如房内有客人，应等客人离房后再进房检查，可主动帮助客人搬运行李或通知行李员帮忙，送客人到电梯口与客人道别，然后进房检查。

二、检查房间

（1）客房服务员检查房间内消费品消费情况，如有消费，应将其品种及数量通知前台。

（2）检查房内物品是否齐全完好，非赠送物品是否遗失（包括借用物品），如有物品破坏或遗失，立即通知前台联系客人及时赔偿或归还。

（3）检查抽屉、衣柜、床底、卫生间有无客人遗留物品，如有，应赶在客人离店前交还；如客人已结账离店，将遗留物品交给前台登记保管。

三、报告登记

（1）客房服务员将查房结果迅速通知前台并记录其工号。

（2）查报退房后，在工作本上做好记录并更改房态，通知楼层服务员尽快打扫房间。

客人退房的查房流程基本就是以上这三步，不同的酒店在管理上会设置客房服务中心或者楼层服务中心等，根据设置的部门安排人员查房。

具体的查房顺序为：壁柜—行李架—写字台—电视—电话—文具—沙发茶几—枕头—被单内—床头柜—床底下—冰箱—卫生间，其他各种电器、灯具也要一并检查。

查房时一定要非常仔细，尤其是容易被忽视的细节之处，比如小酒吧里的酒水、食品等，避免客人消耗后又放回的现象发生；还有枕头下面、床底、床头柜周边等，都要仔细检查，避免客人的物品遗漏在酒店客房。

上述内容为传统的查房程序，目前有些酒店已经简化或者省略了查房程序，规定 3 min 之内为客人完成结账手续，不需要等待客房查房。同时，随着智能化的飞速发展，有些酒店已经可以通过手机 App 办理离店手续，客人完全实现自助。所以，在实际工作中，酒店根据实际情况决定是否需要查房。

作为客房部主管，可以借助"易客房"系统来完成查房工作，同时还可以完成当班确认、排房、计件确认、维保房、单项清洁、大清等工作，省去了上传下达等协调工作，效率更高。

任务实施

检查退房

任务准备	1.一间客人退房的客房　2.工作报表	
步骤	动作规范	要求
一敲	按照标准程序敲门，先将门打开 30°～45°，询问是否有人，再进入房间	敲门一长两短；不要直接开门而入
二查	按照顺序仔细检查房间内物品是否齐全、小酒吧是否有消费、客人是否有遗留物品等	检查细致，尤其是小酒吧消费情况
三报	如有小酒吧消费或客人遗留物品等，及时上报	及时沟通
四记	将查房情况记录在任务单上	及时做好登记
五离	按标准程序离开房间，轻轻关门	房门要关上

任务评价

检查退房评分表

步骤		动作要求	分值	得分
1	敲	能够按照标准程序敲门	2	
2	查	能够仔细检查房间内物品是否齐全、小酒吧是否有消费，客人是否有遗留物品等	3	
3	报	如有小酒吧消费或客人遗留物品等，能够及时上报	2	
4	记	能够将查房情况记录在任务单上	2	
5	离	能够按标准程序离开房间	1	
		总分	10	

任务巩固及拓展

1. 任务巩固：参照以下流程图，依托客房实训室模拟检查退房情境（三人一组：一人为前台服务员；一人为客房服务员；一人为客房服务中心文员）。

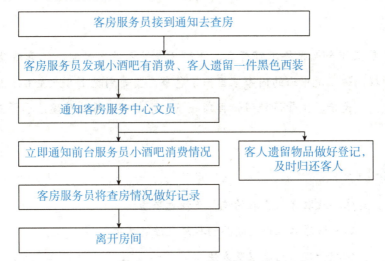

2. 任务拓展：扫描二维码链接任务拓展。

楼层服务

学习本项目，能够掌握楼层常规服务，包括收取客人洗衣、递送客人借用物品、提供开夜床服务、处理客留物品、处理突发事件等；同时能够激发创新意识及个性化服务意识，为客人提供个性化服务。

任务一 常规服务

任务引入

客房服务员王姐今天忙得不可开交，下午3点多还没有忙完，她真希望自己会分身术。这时主管找到她，说中班的同事家里出了急事，要等到晚上8点左右才能到岗。因为目前住客率太高、太忙，主管请她帮忙再顶一下。谁都有困难的时候，尽管王姐很累，她还是欣然应允。

学习目标

知识目标： 1. 掌握收取客人洗衣的流程及注意事项。
2. 掌握递送客人借用物品的程序及注意事项。
3. 掌握开夜床的流程及方法。
4. 掌握处理客留物品的程序。

能力目标： 1. 能够到房间收取客人洗衣。
2. 能够到房间递送客人物品。
3. 能够为客人提供开夜床服务。
4. 能够按要求处理客留物品。

素养目标： 1. 强化规范意识。

2. 遵守服务礼仪。

3. 激发创新意识。

4. 培养个性化服务意识。

基本知识

一、收取客人洗衣

收取客人洗衣

（一）收取客人洗衣

接到客房服务中心收取客人洗衣的通知后，及时赶到客人房间；按规定程序敲门进入客房；礼貌地向客人问好，了解清楚客人的洗涤要求，并在洗衣单上注明。

在收取客衣过程中，应当面点清客人需洗衣物的数量，以及衣物有无破损、脱色、污渍，并征询客人衣物用何种洗法（干洗、温洗），请客人在洗衣单上签字注明房号和需特殊处理的衣物。如收取衣服时客人不在房内，应检查衣物是否有遗留物及破损，并在洗衣单上填清实收数量并注明。

如客人未填写洗衣单，将洗衣单放在洗衣袋上，不要收洗；可留下《服务通知单》提醒客人，如果需要洗衣服务，请于房务中心通知收洗时办理相关手续。挂在门口的洗衣要填写房号。

（二）检查登记

服务中心对送洗的衣服逐步进行清点登记，注明各房间衣物颜色和特征，如衣物破损，洗涤部收件时应说明协助缝补。

交洗的客衣应检查是否有破损或遗留在袋内的物品；要与洗衣单所填写的客人姓名、房号、件数、日期、时间进行核对，并做好登记；集中放在指定地点，在规定时间点交给洗衣房；快洗或有特殊洗涤要求的衣物要在洗衣单上做好标记，与洗衣房交代清楚。

（三）送还洗衣

洗衣房送回的洗衣应与登记本仔细核对，点清件数；交洗的客衣如有损缺或客人投诉，查明情况，妥善处理。

当日收取的衣物在次日 12 时前送回，如是急件应在洗衣单上注明送回时间。

送回洗衣时，客房服务员应按程序进房，见到客人应说："先生/女士，您好！您的衣服洗好了,请查收。"双手递送客衣并请客人当面清点检查清楚。离开客人房间时应说:"打扰您啦,再见。"

衣服送回时如客人不在房内,应将衣物放于客人床头上。如房门挂有"请勿打扰"时,应先写上字条,从门缝下放入房内,告诉客人衣物已洗回,先存放于服务台,如客人需要可马上送回,并留下服务台电话。

(四)收送洗衣的注意事项

(1)在客人对洗衣服务的投诉处理过程中,要重视客人的需求,以免因对洗衣服务的不满而造成客户的流失。

(2)客衣的收取和送还都必须有客人的签字确认,不要随便为客人拿主意,并做相应的记录。

(3)尤其注意快洗衣服的时间,不要因时间的延误,造成客人的不便。

洗衣服务是客房部经常提供的对客服务项目之一,如果处理不好,引起客人投诉,会给酒店带来不良的影响和损失,因此客房服务人员应认真对待此项服务。

递送客人借用物品

二、递送借用物品

酒店不同,客人不同,所借用的物品也会有所差异,一般来说,借用物品主要包括吹风机、变压器、熨斗、熨衣板、接线板、万能插头、婴儿床、热水袋、指甲刀、尺、剪刀、订书机、涂改液、胶水、胶带、橡皮、复写纸等。

递送借用物品的一般程序为以下四步。

(一)接到客人借物要求

使用标准敬语;热情、主动、礼貌;接到客人借用物品通知后,进行记录;确认客人的借物需求。

(二)填写物品借用单

在借用物品时,要根据所借物品的性能认真进行检查,保证所借物品运转正常。目前为了简化工作流程,也体现对客人的信任,很多酒店在实际工作中已经不填写物品借用单。

(三)将物品与单据送至客房

将物品借用单和所借物品一同放入托盘并送至房间(标准用时为5分钟);按规定程

序敲门入房,双手递送客人租借物品,请客人在租借物品登记表上签名,并向客人说明注意事项;对一些特殊物品要向客人介绍使用方法和性能,并让客人当面签字。如上所述,在酒店实际工作中,为了体现对客人的信任及节省工作时间,目前很多酒店已经取消客人签字环节,直接将物品交给客人即可。

(四)收回物品

请客人在物品借用单上签字后,一联交给客人,一联交总台收银处,一联留存送回办公室;做好记录和交接,及时收回。在实际工作中,很多酒店都是在客人离店查房时确认所借物品是否归还;还有部分酒店将查房环节省略,默认客人不会带走任何物品;即使发生客人带走酒店物品的现象,也由酒店承担损失。

值得一提的是,智能化时代,智慧酒店是大势所趋。机器人成为酒店主角。酒店配送机器人已能够实现自动配送、导引讲解等基础功能,还可选配新零售、安防、防窥、测温等个性化模块。通过这个视频,我们可以感受一下机器人送外卖的情景。

早在 2014 年,雅乐轩(Aloft)酒店就推出了品牌的第一个机器人智能酒店管家阿洛 "A.L.O"(图 2-10)。这个智能酒店管家有着萌萌的造型,其设计灵感来自传统的管家服饰元素——白衬衫、黑领结。这个智能机器人管家会根据酒店客人的请求,把客人所要求的相关物品和服务送至客人房间(图 2-11)。

图 2-10 机器人阿洛　　　　　　图 2-11 阿洛为客人递送物品

随着机器人的升级换代,机器人可在客人到达酒店前为客人可能需要的服务进行在线设计;同时可以通过编程,让机器人掌握更多特殊技能,并可以为客人做好一切安排,从机场接客到提供美食服务和客房布置,甚至可提供陪伴、教育、娱乐、商业建议等服务。

三、提供夜床服务

现在的酒店基本都采用中式铺床，开夜床时将被子打开一个大约45°的角，方便客人入睡，同时还要整理房间、清洁卫生间，补充必需的客用品，恢复客房环境卫生，使客人感到舒适温馨。

开夜床服务

夜床服务的时间，一般从晚5：30或6：00开始或按客人要求做，一般夜床服务在晚9：00之前做完，避免9：00以后再去敲门打扰客人休息。

开夜床前，客房服务员要将工作车物品准备齐全，将开夜床所用的夜床服务表、免费水果、报纸、晚安卡或者早餐券等物品放置在工作车上。

（一）开夜床服务项目的评分标准

根据中华人民共和国旅游行业标准《星级饭店访查规范》（LB/T 006—2006）对开夜床服务项目的评分标准（见表2-1），我们可以清楚地了解到，开夜床服务内容包含22项细节，这些细节都切实影响着客人的感受。

表2-1 开夜床服务项目的评分标准

项目：开夜床服务 ［三星级（含）以上适用］				
日期： 时间：				
	标准	达到	未达到	备注
1	正常情况下，每天17：00—21：00提供开夜床服务	1	0	
2	如果悬挂"请勿打扰"牌，在门下放置或在门把手悬挂开床卡片	1	0	
3	床边垫巾和拖鞋放置到位	1	0	
4	床头放置晚安卡或晚安致意品	1	0	
5	遮光帘已充分闭合，遮光效果好	1	0	
6	床头灯在打开状态	1	0	
7	房内用早餐卡已放在醒目位置	1	0	
8	烟灰缸、垃圾桶已清空洗净	1	0	
9	客房内所有用具都已归于原处	1	0	
10	宾客的衣服已折叠整齐，或悬挂	1	0	
11	所有的鞋子已成双整齐码放	1	0	
12	已补足文具用品	1	0	

续表

项目：开夜床服务［三星级（含）以上适用］				
日期： 时间：				
	标准	达到	未达到	备注
13	及时更换已用过的餐具或饮具	1	0	
14	报纸和杂志已码放整齐	1	0	
15	电视机柜已为宾客打开	1	0	
16	电视遥控器已放在显著位置、电视节目单齐全	1	0	
17	已应宾客要求更新用过的毛巾	1	0	
18	已清洁和更换卫生间内的水杯	1	0	
19	应宾客要求补足浴室用具	1	0	
20	已将宾客个人的浴室用品摆放整齐	1	0	
21	客房、卫生间已清洁，无毛发、无灰尘、无污迹	1	0	
22	提供冰桶（配冰夹）	1	0	
	小计：		22	
	实际得分：			

（二）开夜床服务的困惑

仅有规范是不够的，《星级饭店访查规范》全国统一颁布，每家酒店应如何凸显出个性化呢？答案是细节。在实际操作中，很多酒店会遇到一些细节上的困惑。

1. 标准间开哪张床

一般情况下，酒店规定客人第一次入住，在不了解客人喜好的情况下，要开靠卫生间的床，因为这张床的位置隐私性比较好，打开房门时基本不在视线之内。但有的客人偏偏喜欢靠窗户的那张床，这样一来，夜床服务就变成了无效劳动。为弥补这一缺憾，自然要引入个性化服务的概念。

2. 个性化服务如何提供

根据个性化服务的原则，如果客人续住，服务员应按客人的喜好开夜床。但遗憾的是客人可能不续住，享受不到酒店提供的个性化服务。正确的做法是，客房服务员清扫客房时，不应只是被动地做卫生而已，而应该通过自己的观察，将客人特殊的爱好与需求及时地记录下来，供其他员工参考。因此，管理者在设计《清扫员工作日报表》时应在每一个房间的后面留下足够的空间,记录客人的特别喜好。负责夜床服务的服务员进行夜床服务时,应先到客房中心或规定地方查看《清扫员工作日报表》中客人的个性化爱好,包括喜欢睡哪张床,并将其摘录到《夜床服务报告》中的备注栏内,以针对客人的喜好为客人提供个性化服务。如客人喜欢 A 床,就开 A 床;客人喜欢 B 床,就开 B 床。让夜床服务真正变成让客人感觉舒适和体贴的有效劳动。

(三)开夜床服务的流程

1. 进门程序

客房服务员按照规定的进房程序敲门进房,并自报身份,等待客人回应;若客人无回应,确认房内无人后,用钥匙开门,插卡取电,拉上窗帘。如果房间开着"请勿打扰"灯,那么就不要去打扰客人,该房间不开夜床。

提供开夜床服务

2. 整理卧室

整理卧室时,先清理卧室的垃圾,如有使用过的烟灰缸、茶杯等,应及时进行清理和更换;然后抹尘。

3. 开夜床

根据客人数量,尊重客人的习惯开夜床,将被子向外折成 45°;打开床头灯;放好晚安巾、拖鞋、睡衣等;按酒店规定放好鲜花、水果、晚安卡或小礼品等(图 2-12)。

图 2-12 开夜床全景

4. 整理卫生间

(1)冲洗马桶。

(2)清洁客人用过的浴缸、洗脸盆及台面。

(3)使用专用抹布擦洗地面;将浴帘拉至浴缸的 2/3 处,浴帘尾部放入浴缸内,将酒店提供的浴袍放在床尾。

5. 离开房间

回到卧室，拉上遮光帘，环视退出房间，轻轻关门。开完夜床后，应及时整理工作车上物品，并将夜床工作时遇到的问题记录在工作日志上。同时，及时填写夜床服务表，将客人房号、所住人数、进出客房时间等填写清楚。

以上内容为标准化开夜床的程序，要使夜床服务成为酒店服务的亮点，还需要管理者的创新意识，不断地丰富和完善夜床服务的内容，设计出令客人惊喜的效果，即个性化的开夜床服务。

酒店个性化开夜床有以下六大创意。

（1）食品类。通常酒店在开夜床时，会为客人送上晚安巧克力，包装精美，并印有酒店的Logo，也可以作为宣传促销的手段。除巧克力外，可能还会放上糖果、小食品、酒店特制的小甜点或者当地特色小吃等，满足不同客人的需求。

（2）鲜花类。开夜床时，为客人在床头放上一枝玫瑰花或是酒店特制小插花等，让客人有浪漫的感觉。尤其是在妇女节、母亲节等重大节日，为女性客人送上包装精美的鲜花，一定会让客人喜出望外。

（3）玩具类。主要是针对家庭房等主题客房，送上萌萌的小玩具，以赢得孩子们及童心未泯的成年客人们的欢心。

（4）饰品类。有些酒店会设计印有酒店Logo的钥匙环、手机链、指甲刀等小饰品，深受客人喜爱。

（5）纪念品类。部分酒店更加用心，设计具有中国传统文化元素、当地特色元素或酒店特色的纪念品，利用百变毛巾叠制各种形象，帮助客人留下美好的记忆。

（6）节假日类。有些酒店利用节假日之际，比如万圣节等，为客人营造节日气氛，不过要针对客人的特点和喜好而为之，否则可能适得其反。

此外，有些酒店推出了"枕头服务"。即为了让客人充分体验细致入微的温馨服务，夜床服务时在客人床头留下"枕头自选菜单"，提供各种枕头如荞麦枕、木棉枕、磁疗枕、茶叶枕等，并详细注明每种枕头的不同功效，供客人自由选择，以让客人享受更舒适的睡眠。如果是常住客人，酒店还会将此信息输入计算机存档，以让客人每次入住都温馨入睡。

还有些酒店推出"助眠饮品"。即为帮助客人尽快进入美妙的梦乡，酒店为客人精心准备了各种助眠饮品，如牛奶、豆浆、酸梅汤、麦片等，供客人根据自己的口味自由选择。有创新才有发展，只要怀着一颗真诚为客人服务的心，就一定能够设计出更多更好的夜床服务项目，让夜床服务成为酒店品质的代言。

四、处理客人遗留物品

一般可认定为客人遗留物品的包括现金、珠宝首饰、身份证件、文件信函、衣物、电子设备及其他物品等。客人遗留物品的处理程序有以下四种。

处理客留物品

(一) 发现客人遗留物品

（1）在客房内发现任何客人遗留物品，一律上交客房服务中心。

（2）客人遗留物品一般都是由客房服务中心来处理。及时与前台联系，询问客人是否已经离开酒店。若客人未离开酒店，应及时交还客人；若客人已经离店，要对客人遗留物品做详细的登记，并填写《遗留物品登记表》。

(二) 处理客人遗留物品

（1）如果是散客，客房服务中心文员应立即与前台联系，设法找到客人。

（2）如果是团队客人，则与团队联系人取得联系。

（3）如果找不到失主，服务员应立即上报大堂经理，并将遗留物品送到客房服务中心。

(三) 登记备案

（1）客房内如有遗留物品，服务员应立即在工作单上做好登记，包括物品的房号、名称、数量、形状、颜色、拾物日期及拾物人的姓名。

（2）一般物品要与钱币、贵重物品分开登记。

（3）一般物品整理好后与《遗留物品登记表》一起装入遗留物品袋，将袋口封好，在袋的两面写上当天日期，存入遗留物品存放处，贴上写有当天日期的标签。

（4）钱币、贵重物品登记后，交由主管进行再登记，然后交给秘书保管。

（5）遗留物品存放处每周由专人整理一次。

(四) 失主认领

（1）如有失主认领遗留物品，需验明其证件，且由领取人在遗留物品登记本上写明工作单位并签名。领取贵重物品需留有领取人身份证件的复印件，并通知大堂经理到现场监督、签字，以备查核。

（2）若客人打电话来寻找遗留物品，需问清楚情况并积极查询。若遗留物品与客人所述相符，则要问清客人来领取的时间；若客人不立即来取，则应把该物品转放入待取柜中，并在中心记录本上逐日交班，直到取走为止。

（3）若有客人的遗留物品经多方寻找仍无下落，应立即向经理汇报。

（4）按国际惯例，客人遗留物品保存期为1年，特别贵重物品可延长半年。超过保存期的，酒店可按规定自行处理。

通过下面的案例，可以感受到处理客留物品的重要性。

某日，住在大连某酒店的商务客人王先生离店后，前往北京开会，抵达北京后打来电话说他的西装落在了酒店，但他明天要参加一个重要的会议，必须得穿那套西装。酒店前台接到电话后立即与客房部取得联系，客房服务员的确在查房时发现了王先生的西装，也正想联系客人归还。

当时无法将西装快递给王先生。酒店的"金钥匙"了解情况后，多方联系店内外资源，终于获知该酒店的李总今天晚上要去北京出差。马上与李总取得联系说明情况，让他帮忙把西装带给王先生。同时与王先生及时沟通情况，征求意见，双方互留联系方式。最后，该西装如期还给了王先生，王先生十分感激，给酒店写了一封表扬信。

客房服务项目除以上介绍的几项外，还包括客房小酒吧服务、擦鞋服务、托婴服务、贴身管家服务等。酒店致力于满足不同客人的需求，为客人提供满意加惊喜的服务，让客人体会到"家外之家"的温暖。

五、处理突发事件

酒店是一个政治、经济、信息和文化的集散地，具有复杂性、多功能性。人群相对集中，技术、资金相对密集，因此突发事件也相对比较多，比如客人生病、醉酒、物品损坏、自然灾害、火灾等。突发事件具有不可预知性，因此必须有基本的应急预案，成立应急领导小组，同时，要具有灵活性和一定的应变能力，能够冷静地处理各类突发事件。

（一）客人生病

客人住店期间，身体可能会偶尔有不适或突发疾病。客房服务员应及时发现，给予宾客必要的关怀和照料，根据不同的疾病类型及时汇报处理。

1. 一般性疾病

客人可能会偶感风寒，服务员发现后应表示关怀，礼貌询问病情及宾客要求，帮助客人联系驻店医生，可请宾客到酒店医务室进行治疗。同时，多关心该客人，多送些热水，提醒客人按时服药。也可以联系餐饮部为客人煮姜汤或者姜丝可乐等，送到客人房间，帮助客人驱寒。

2. 突发性疾病

突发性疾病一般包括心脑血管病、肠胃疾病、食物中毒等。客人出现突发性疾病，客房服务员要立即报告管理人员，绝对不能擅作主张，草率救治病人，避免导致更严重的后果。如果患者头脑尚清醒，请服务员帮助购药，服务员应婉言拒绝，劝客人立即到医院就医或请医生到酒店治疗，以免误诊。

如果客人病情严重，客房部要立即与同来的家属或同伴联系。如果客人独自一人住酒店，客房部经理应立即报告大堂经理，请酒店派车派人送客人去医院救治，必要时设法与客人单位或者家人联系。对于突发性疾病的处理，应做详细的书面报告，说明发生的原因、处理经过及后续追踪的结果。

3. 传染性疾病

如果发现客人患上了传染性疾病，必须立即向酒店总经理汇报，并向卫生防疫部门汇报，以便及时采取有效措施，防止疾病传播。

对患者使用过的用具用品要严格消毒，并在客人离店后对房间严格消毒。对所有接触过客人的服务员，要进行体检，避免疾病扩散。

酒店客房的客人往来频繁，床单一定要勤更换；卫生间的设施也要及时消毒处理；客房的各个角落也要定期喷洒杀虫剂，防止病菌传播。

（二）客人醉酒

在酒店实际工作中，经常会碰到客人醉酒的情况。醉酒客人的破坏性较大，轻则行为失态，大吵大闹，随地呕吐；重则危及其生命及酒店设施设备，或酿成更大的事故。服务人员遇上醉酒客人时，头脑应保持冷静，根据醉酒客人不同的种类及特征，分别处理。对醉酒程度轻的客人，应适时劝导，安置其回房休息；对醉酒程度重的客人，则应协助安全人员，将其制服，以免他们打扰其他客人或伤害自己。

在服务过程中，客房服务员如发现客人在房间喝醉酒或在外面喝醉酒回来，应上前询问客人入住的房号，有无同伴，掌握客人醉酒的程度。通过客人的房卡以及有效证件，与计算机资料核对，以确认房号。确认好信息后，把客人送入房间，调节空调温度，设法使客人保持安静。询问客人或同伴是否需要去看医生。对醉酒客人专人负责，耐心照顾，防止发生不良后果。在客人躺的床头旁放好垃圾筒，铺好报损的地巾，在床头柜上放杯温水。将床头、台灯、过道灯及卫生间灯打开，以方便客人辨别方位。

在安置醉酒客人回房休息后，客房服务员要特别注意其房内的动静，以免客房的设备及家具受到损坏或因其吸烟而发生火灾。将醉酒客人的房号及处理过程记在交接本上，做好交接。晚间可与安全部联系，请监控注意，如有异常随时通知客房服务中心。若客人醉酒后造成客房设备物品损坏，做好记录，客人酒醒后按酒店规定处理。

针对醉酒客人，酒店建立报告制度，即全酒店所有员工在酒店的任何区域、任何时间,一旦发现有醉酒客人,必须及时通知总台及相关部门。对饮酒过量的客人,应恰当、及时地劝阻,防止客人在店内醉酒;对已醉酒的宾客或住店的醉酒客人,每位员工都有义务和责任给予及时的帮助;对深度醉酒的客人给予高度的关注,并尽快联系就近医院治疗,不得置之不理,更不得取笑客人。

(三) 物品损坏

1. 客人损坏客房物品

客人住店期间,可能会出现损坏客房物品的情况,我们应采取如下处理方法。

(1) 调查。接到通知客人损坏客房物品的报告后,要亲自检查被损物品,与客人核实情况。

(2) 查阅。查阅被损物品的赔偿价格。

(3) 索赔。直接与客人联系,有礼貌地讲明酒店制度并要求赔偿。

(4) 处理。

①物件小、价值少,可及时弥补的被损物品的处理。向损坏物品的客人表明酒店将保留向其索赔的权利,或及时判断赔偿金额,或付现金,或打入房款并填写《赔偿单》;若客人不在场,先打入其房款并填写《赔偿单》,再留言请其与大堂经理联系,由大堂经理负责向其解释说明;用相机拍摄现场。

②物件大、价值大,无法及时弥补的被损物品的处理。判断是否有潜在危险,通知工程部人员到场判断并及时拆换或封锁现场危险区;向损坏者表明酒店将保留向其索赔的权利,或第一时间判断金额和赔偿金,或付现金,或打入房款,并填写《赔偿单》;填写酒店财物损坏报告,连同现场照片呈交管理层及有关部门。

③客人已离店时的处理。若因客人已离开酒店而找不到当事人向其索赔,须记录事情经过于日志上并向上级汇报。

(5) 善后工作。通知有关部门进行事后跟进;将详细情况记录于值班日志上。

2. 服务员损坏客人物品

如服务员在打扫房间时,不小心打破了客人的东西,服务员应立即报给客房服务中心、领班、主管,由管理人员负责解决,并向客人诚恳道歉,及时为客人修理或重新购买,用一颗真诚的心去打动客人。

(四) 客人携带宠物

有的住店客人有宠物情结,住店时携带宠物。宠物入住酒店的问题一直具有很大的争议性,对于酒店来讲,既要取悦客人,同时又要为其他客人负责。

1. 携带宠物进店可能造成的影响

（1）伤人隐患。

（2）传染病隐患。

（3）吼叫和大小便影响酒店环境。

（4）带来清洁困难，宠物在客房大便一次，可能会臭一个星期，房间无法使用。

（5）宠物过大，会引起其他客人恐慌。

2. 酒店对携带宠物入住客人的处理方法

（1）没有地方寄存宠物的酒店，服务人员应熟记当地宠物寄存地点和联系方式，最好存入手机；建议客人把宠物寄放在酒店的行李房或其他仓库，告知客人会有相关人员照顾。

（2）为客人联系附近宠物医院/美容所，建议客人将宠物暂送到那里，让更专业的人员来照顾。

（3）视酒店实际情况，可考虑增设宠物房，一方面可以解决客人的需求，另一方面可以增加收入，更重要的是服务的升级。

类似上述突发事件在酒店实际工作中举不胜举，关键是遇到紧急事件时应做到以下几点。

（1）严格按照各项程序进行操作，并要有一定的灵活性。

（2）遇事要冷静、沉着。

（3）要具有强烈的责任感和敏锐的观察力。

（4）要以客人的安全、需求为己任。

除上述突发事件外，可能还会遇到自然灾害，比如水灾、地震、台风、龙卷风、暴风雪等，或者遭遇火灾、停电等事故。

任务实施

收取客衣

任务准备	1. 一间住客房　2. 洗衣袋　3. 要洗的衣物　4. 洗衣单　5. 签字笔	
步骤	动作规范	要求
1　敲门问候	按标准程序敲门入房，使用标准服务用语问候客人	符合规范，遵循礼仪
2　询问要求	了解清楚客人的洗涤要求并在洗衣单上注明	注意细节
3　检查确认	当面清点数量、检查破损等，询问客人是否有特殊要求	检查仔细，标注清晰
4　客人签字	客人确认无误后，请客人在洗衣单上签字	准备好签字笔
5　礼貌道别	询问客人是否还有其他需要，礼貌道别	注意遵循礼仪及使用礼貌用语

递送客用物品

任务准备	1. 一间住客房 2. 自备客人借用物品，比如插线板、充电器等 3. 租借物品登记表 4. 签字笔		
步骤		动作规范	要求
1	敲门问候	按规定程序敲门入房，使用标准服务用语问候客人	符合规范
2	双手递物	双手递送客人租借物品	注重礼仪
3	客人签字	请客人在租借物品登记表上签名，并向客人说明注意事项	准备好签字笔
4	礼貌道别	询问客人是否还有其他需要，礼貌道别	注意遵循礼仪及使用礼貌用语

提供开夜床服务

任务准备	1. 一间走客房 2. 工作车 3. 清洁工具 4. 开夜床用品		
步骤		动作规范	要求
1	进门程序	按照标准的进房程序敲门，等待客人回应；确认无人后，再用钥匙开门进入	不能直接开门 关注是否"请勿打扰"
2	整理卧室	先清理卧室的垃圾，如有使用过的烟灰缸、茶杯等，进行清理和更换；然后抹尘	按标准程序操作
3	开夜床	根据客人数量，尊重客人的习惯开夜床，将被子向外折成45°；打开床头灯；放好晚安巾、拖鞋、睡衣等；按酒店规定放好鲜花、水果、晚安卡或小礼品等	按酒店要求操作
4	整理卫生间	1. 冲洗马桶；2. 清洁客人用过的浴缸、洗脸盆及台面；3. 用专用抹布擦洗地面；将浴帘拉至浴缸的2/3处，浴帘尾部放入浴缸内	按标准程序操作；注意细节
5	离开房间	拉上遮光帘，环视后退出房间，轻轻关门，做好记录。	按标准程序操作

处理客留物品

任务准备	1. 一间走客房 2. 自备客人遗留物品	
步骤	动作规范	要求
1 发现客留物品	发现客留物品，及时上报给客房服务中心	查房要仔细
2 处理客留物品	①如果是散客，客房服务中心文员应立即与前台联系，设法找到客人；②如果是团队客人，则与团队联系人取得联系；③如果找不到失主，立即上报大堂经理，服务员立即将遗留物品送到客房服务中心	按酒店要求操作
3 登记备案	服务员应立即在工作单上做好登记，包括物品的房号、名称、数量、形状、颜色、拾物日期及拾物人的姓名；物品整理好后与《遗留物品登记表》一起装入遗留物品袋，将袋口封好，在袋的两面写上当天日期，存入遗留物品存放处，贴上写有当天日期的标签	认真做好登记及时上交
4 失主认领	如有失主认领遗留物品，需验明其证件，且由领取人在遗留物品登记本上写明工作单位并签名；领取贵重物品需留有领取人身份证件的复印件，并通知大堂经理到现场监督、签字，以备查核	按酒店要求操作

处理突发事件

任务准备	根据所演情景不同准备好相应的场地及用具，此处以客人醉酒为例 1. 一间住客房 2. 醉酒客人 3. 客房服务员 4. 自备所需其他物品	
步骤	动作规范	要求
1 发现醉酒客人	发现醉酒客人，及时上前观察客人醉酒程度	不能视而不见
2 询问客人房号	询问客人入住的房号，有无同伴	视客人醉酒程度
3 确认客人信息	通过客人的房卡以及有效证件，与计算机资料核对、确认房号	认真核实信息
4 送客人回房间	确认后，与同事一起将客人送回房间，调节空调温度	切忌单独送客人
5 做好关心和预防工作	询问客人或同伴是否需要去看医生；专人负责，耐心照顾 在客人床头旁放好垃圾桶，铺好报损的地巾，在床头柜上放杯温水	体现酒店对客人的关心，预防客人呕吐等
6 离开房间	将客人安顿好后离开房间	按标准程序操作
7 做好记录上报	将醉酒客人的房号及处理过程记在交接本上，做好交接，及时通知总台及相关部门	认真记录并交接，按要求上报信息
8 门外停留观察	从房间出来后不要马上离开，要特别注意其房内的动静，以免客房的设备及家具受到损坏或因其吸烟而发生火灾	仔细聆听，出现问题及时制止

任务评价

收取客人洗衣评分表

步骤		动作要求	分值	得分
1	敲门问候	敲门方法正确，服务用语标准	2	
2	询问要求	礼貌询问客人洗涤要求，并做好标注	2	
3	检查确认	检查认真，注意细节，礼貌询问客人的特殊要求	3	
4	客人签字	双手递送洗衣单和签字笔请客人签字	2	
5	礼貌道别	询问客人是否还有其他需要，礼貌道别	1	
		总分	10	

递送客用物品评分表

步骤		动作要求	分值	得分
1	敲门问候	敲门方法正确，服务用语标准	2	
2	双手递物	双手递送客人租借物品	3	
3	客人签字	双手递送租借物品登记表请客人签字	3	
4	礼貌道别	询问客人是否还有其他需要，礼貌道别	2	
		总分	10	

提供开夜床服务评分表

步骤		动作要求	分值	得分
1	进门程序	进门程序符合规范	1	
2	整理卧室	按标准程序整理好卧室	2	
3	开夜床	按标准程序完成开夜床，折被角，开床头灯，放好晚安巾、拖鞋、睡衣及酒店规定的水果或小礼品等	3	
4	整理卫生间	按标准程序冲洗马桶、浴缸、面盆及台面；浴帘位置正确	3	
5	离开房间	按标准程序离开房间	1	
		总分	10	

处理客留物品评分表

步骤		动作要求	分值	得分
1	发现客留物品	发现客留物品能够及时上报	2	
2	处理客留物品	按酒店的规定处理客留物品	3	
3	登记备案	服务员在工作单上做好登记，包括物品的房号、名称、数量、形状、颜色、拾物日期及拾物人的姓名等	3	
4	失主认领	如有失主认领遗留物品，能够验明其证件，并要求领取人签名确认	2	
		总分	10	

处理突发事件评分表（以处理醉酒客人为例）

步骤		动作要求	分值	得分
1	发现醉酒客人	发现醉酒客人能够及时上前观察	1	
2	询问客人房号	询问客人房号	1	
3	确认客人信息	确认客人房号	1	
4	送客人回房间	确认后，与同事一起将客人送回房间	2	
5	做好关心和预防工作	耐心照顾，为客人放好垃圾桶、准备温水等	2	
6	离开房间	将客人安顿好后离开房间	1	
7	做好记录上报	能够将客人情况认真记录，做好交接和上报	1	
8	门外停留观察	从房间出来后不要马上离开，注意房内动静	1	
		总分	10	

任务巩固及拓展

1. 任务巩固 1： 依托客房实训室，参照下列流程图，通过角色扮演的方式完成以下任务。

（1）收送客衣操作流程。

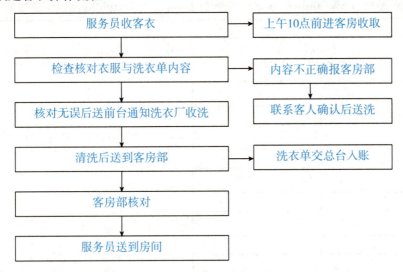

（2）租借物品操作流程。

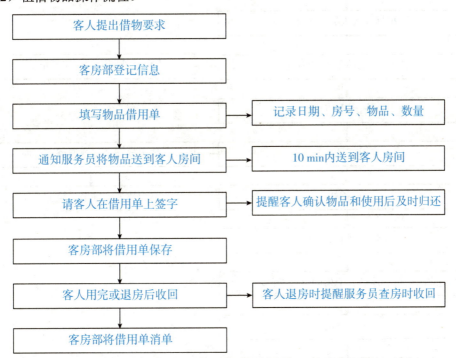

（3）开夜床服务流程。

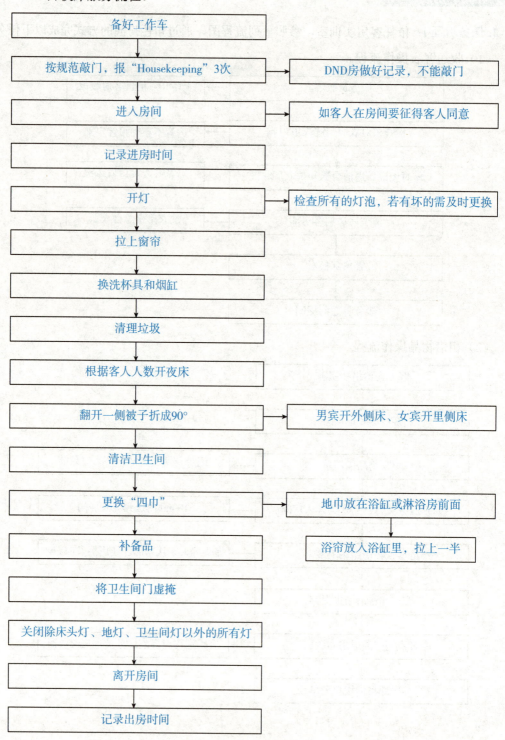

（4）客房遗留物品操作流程。

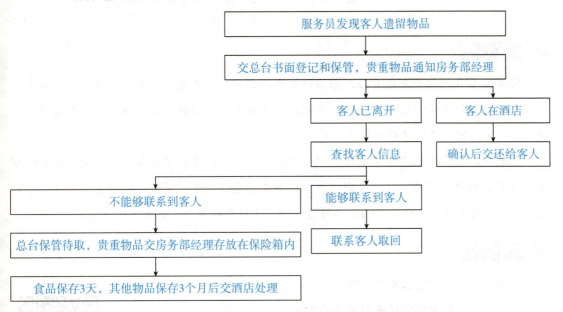

2. 任务巩固 2：三人一组，参照以下流程图，依托客房实训室，为不同类型的客人（四选一）进行个性化开夜床的设计。

客人类型 1：一对新婚夫妇蜜月旅行。

客人类型 2：一对父母带着 5 岁的孩子度假。

客人类型 3：一名年轻的游客在大连旅游。

客人类型 4：一位商务客人中秋节期间出差。

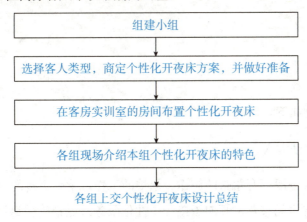

3. 任务拓展：扫描二维码链接任务拓展。

任务二　个性化服务

任务引入

客房服务员王姐今天很开心，因为好久未见的长住客人刘女士即将入住，刘女士每次来酒店都住在她负责的楼层，两个人早已成为老朋友。细心的王姐发现今天刚好是刘女士的生日，她决定为这位老朋友好好布置一下客房。

王姐先在床上用彩色皂末制作了"生日快乐"字样，然后用三条大小不同的毛巾特制了一个三层的"生日蛋糕"，最后留下自己手绘的生日贺卡。同时，她向主管申请，等刘女士入住后为其送上一份生日面。做好这一切，王姐静待刘女士到来后的惊喜。

学习目标

知识目标： 1. 掌握客人的主要类型。
2. 熟悉不同类型客房的布置特点。
3. 了解私人管家服务。

能力目标： 1. 能够为不同类型的客人布置个性化客房。
2. 能够为客人提供私人管家服务。

素养目标： 1. 强化个性化服务意识。
2. 强化创新意识。

个性化服务

基本知识

一、个性化客房布置

客人的主要类型如下。

（一）商务会议型客人

商务会议型客人一般都有紧张的旅途、繁忙的工作，承受更多的压力和工作负担，他们喜欢稳重、典雅的房间布置，倾向于接受个性化服务，更希望受到别人的尊重。商务女性则会对酒店提出更高的要求，更强调环境的安全性、舒适性。比如，目前很多酒店推出的女士楼层就受到了女性商务客人的喜爱。

（二）旅游观光型客人

旅游观光型客人早出晚归，在酒店停留的时间并不长，对客房最大的要求就是有个舒服的床，有干净舒适的环境，能够在旅途劳累之后好好地睡上一觉。同时，期待酒店客房的布置能够体现出当地的特色，能够提供更多介绍当地旅游相关信息的资料。

（三）家庭度假型客人

家庭度假型客人选择酒店是由于旅游、休养、度假、运动等目的，客人在酒店停留的时间较长，对酒店的娱乐设施需求较高，对房间布置喜欢家居氛围，希望酒店能提供家庭式服务，轻松愉快地享受假期。尤其是针对举家出游的客人，有老有小，在房间的布置上应更加注重满足一家人的需求，比如现在很多酒店推出的家庭房就很受客人的欢迎。

（四）新婚蜜月型客人

新婚蜜月型客人非常注重主观的体验和感受，凡事都图个舒服、顺心、吉利。客人对酒店客房的氛围要求较高，期待能够有一些个性化的服务，为他们留下美好深刻的记忆。

二、不同类型客房的布置

客房是客人在酒店内停留最久的空间，在客房的设计中，为体现"心灵休息之所"的理念，为客人营造个性化的休息空间，客房服务员可以为不同类型的客人布置不同的个性化客房。

（一）商务会议房

对于商务会议型客人的客房（图 2-13），可增添办公设备、Wi-Fi，改善办公条件。为客人放置缓解压力的按摩用具、绿色植物，在写字台上放置具有酒店特色的创意办公用品等，让客人回到房间后能够得到放松。

图 2-13　商务会议房

（二）旅游观光房

对于旅游观光型客人的客房（图2-14），可安排海景房等风景优美的房间，放置与当地旅游相关的六要素信息，即美食、住宿、交通、旅游产品、购物、娱乐，如果与客人有机会交流，了解客人的需求，还可以有针对性地为客人手绘旅游图、设计旅游线路、放置茶具等，更好地满足客人游览及休闲的需求。同时，可以为客人设计具有酒店特色及当地特色的旅游纪念品，为客人留下美好的回忆。

图2-14 旅游观光房

（三）家庭度假房

对于家庭度假型客人的客房，尤其是带小孩的家庭，可以采用卡通动漫元素布置房间，或在房间内放置小帐篷，设计有卡通元素的酒店用品，比如漱口杯、毛巾类用品、床上用品等，更好地满足小孩子的需求。在客房的布置上更多营造家的氛围，让客人感受到舒适、方便和温暖。

随着暑期旅游不断升温和国内旅游市场的回暖，希尔顿、洲际、凯悦等酒店集团相继推出亲子活动，充分发挥当地传统文化资源，打造富有新意和趣味性的文化体验课程，让孩子们感受传统文化的魅力。亲子产品内容涉及冬奥会、户外、运动、航天等多个主题，活动更加多元化，也更加强调专业性和原创性，同时引入目的地及专业机构资源，打造夏令营产品。

以北京五矿君澜酒店为例，开业之初定位为商务型酒店，但由于附近缺乏商业圈，酒店的商务定位并不适用。恰逢京郊度假游、微度假的热潮，对于地处京郊度假圈的五矿君澜酒店来说，是一个不可多得的机

北京五矿君澜酒店
亲子化

会，将亲子化作为主要发展方向，并做出以下改造。

1. 空间布局和活动设计

酒店的亲子化设计中有几大重点：故事性、活动理念和价值认同。酒店进行了如下改造：在亲子化大方向确定后，酒店设计并推出了12款原创IP；成立澜精灵部落（图2-15），设计不同的互动环节，如勇敢小卫士、宝宝厨房（图2-16）等，分布在酒店的各个角落；对原本利用效率低的台球室、拐角、走廊等灰色空间进行改造，充分植入趣味亲子活动，致力于"让每一个角落都充满欢乐"，提高酒店空间利用效率；信奉"教育在君澜"的理念，设计科学家、艺术家等课程活动，让孩子们提前体验梦想生活；"澜灵谷剧场"，从剧场设计到服装采买，从脚本撰写到实际演出都是由酒店员工亲自创作并实施。在家长与孩子一同度过的半个小时里，一起感受"森林小动物们"的喜怒哀乐，充分诠释了与孩子一起参与、一起成长的亲子主题。还有亲子预约台、IP亲子房等设计，旨在打造沉浸式体验空间，让酒店生活"毫不出戏"。

图2-15　澜精灵部落IP

图2-16　宝宝厨房

2. 内部体系和专业团队

从酒店内部角度，特别针对亲子活动成立产品部（图2-17）、市场传讯部，利用全酒店资源，建立相应的SOP及考核方法，为酒店亲子化转型提供了强有力的支撑。

3. 自媒体和新媒体的充分利用

酒店充分利用自媒体和新媒体的线上传播功能，与亲子类达人进行合作，通过短视频、直播的形式进行宣传，为亲子品牌带来快速传播效应；线下打造原创IP周边等系列衍生品，进一步扩大品牌影响范围。在这样的努力下，酒店取得了2021年清明节全国热门酒店NO.5、2022年北京十大亲子酒店NO.1的优异成绩（图2-18）。

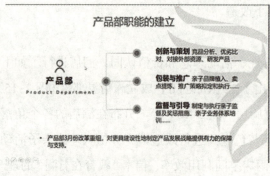

图 2-17 亲子活动产品部职能

图 2-18 连续两年获得中国最佳亲子酒店

北京五矿君澜酒店因此出圈而成为网红，表面上是商业化的成功，而底层的逻辑实际是"亲子度假""休闲会议"等概念的推出及产品的不断打磨与完善，通过网红式推广和传播，利用宾客的口碑，进一步推动酒店产品的落地。

（四）新婚蜜月房

对于新婚蜜月型客人的客房（图 2-19），从房间的安排上就要有所考虑，比如 521、1314，或者带有 9 的房间号，寓意"我爱你""一生一世""长长久久"等含义；在房间的布置上可以选择传统的红色等暖色系，用玫瑰花做装饰，床的形状可以设计为圆形或心形，所配备的用品都是情侣型，寓意成双成对，也可为客人设计有纪念意义的新婚蜜月礼物，为客人制造惊喜瞬间等。

此外，酒店还可以根据运营需要，有意识地设计主题客房，以体现本酒店特色，为客人提供多元化、个性化的选择。目前为了满足客人个性化的需求，很多酒店不仅拥有主题客房，还设计主题酒店。比如在韩国的"监狱"酒店，深受客人欢迎。

"监狱"酒店（图 2-20），位于韩国首尔郊区的一片大草地上，名字叫作 Prison inside me。与普通酒店不同，它不以豪华、舒适为主，这里的一切更接近普通监狱。

一切电子设备与私人物品都不允许带进酒店，在酒店统一换上"囚服"。房间设施由酒店严格把控，除一窗一几外，就留一个小本、一支笔、一套茶具、一个电热水壶、一个洗脸盆、一只马桶、一张瑜伽垫，连床都没有。每个房间大约为 5 m²，一共 28 间"牢房"。酒店内部的装潢也极其简单，清一色的白墙铁门，无时无刻不在提醒着客人：这里是"监狱"酒店。

酒店老板权容锡曾是一名检察官，特殊的工作性质让他的生活既焦虑又压抑。他甚至想去监狱住一段时间。经过一段时间的心态调整，他最终开办了这家"监狱"酒店，让自己逃离焦虑生活的同时，也帮助更多人获得心灵上的自由。"监狱"酒店一晚的价格约为 90 美元，28 间客房常常出现"一房难求"的情况。

图2-19　新婚蜜月房　　　　　图2-20　韩国"监狱"酒店

三、私人管家服务

管家起源于法国，只是老派的英国宫廷更加讲究礼仪、细节，将管家的职业理念和职责范围按照宫廷礼仪进行了严格的规范，成为行业标准，英式管家也成为家政服务的经典，私人管家由此而来。在英式管家享誉世界的最初，只有世袭贵族和有爵位的名门才能享受。英语中的管家"butler"一词源自法语的"bouteiller"，即贵族或宫廷宴会上的司酒官。英国管家带给用户的应该是一种有品位的生活状态。

而贴身管家服务主要负责对客人提供全过程跟进式的服务。对宾客入住期间的需求进行全过程的提供，针对不同客人的不同需求做好客史档案的收集与管理。电视剧《五星大饭店》中有个片段，总经理亲自接见即将担任贵宾贴身管家的实习生，诠释了贴身管家服务的理念："为客人提供贴身管家服务时，技能也许并不是取胜的唯一武器，更重要的是要有充分的耐心和细心。五星级的服务是完美无缺。"

（一）贴身管家的岗位职责

（1）负责检查客人的历史信息，了解抵店、离店时间，在客人抵店前安排赠品，做好客人抵达的迎候工作。

（2）负责客人抵达前的查房工作，客人抵店前做好客房的检查工作及餐室准备的检查工作，准备客人的房间赠品，引导客人至客房并适时介绍客房设施和特色服务，提供欢迎茶（或咖啡、果汁等），为客人提供行李开箱或装箱服务。

（3）与前台部门密切配合安排客人房间的清洁、整理、夜床服务及餐前准备工作的检查和用餐服务，确保客人的需求在第一时间得到满足。

（4）负责客房的点菜、用餐服务，免费水果、当日报纸的配备，收取和送还客衣服务，安排客人的叫醒、用餐、用车等服务。

（5）对客人住店期间的意见进行征询，了解客人的消费需求，并及时与相关部门协调沟通，予以落实，确保客人的需求得以适时解决和安排。

（6）及时准备酒店的产品、当地旅游和商务信息等资料，适时向客人推荐酒店的服务产品。

（7）致力于提高个人的业务知识、技能和服务质量，与其他部门保持良好的沟通、协调，24小时为客人提供高质量的专业服务。

（8）为客人提供会务及商务秘书服务，根据客人的需要及时有效地提供其他相关服务。

（9）整理、收集客人住店期间的消费信息及生活习惯等相关资料，做好客史档案的记录和存档工作。

（10）客人离店前为客人安排行李、出租车服务，欢送客人离店。

（11）严格遵守国家相关的法律法规、行业规范及酒店的安全管理程序与制度。

（二）贴身管家的服务程序

1. 抵店前

（1）检查预订，保留房间，检查客史记录，了解客人喜好。

（2）与相关部门沟通，及时根据客人喜好安排各项事宜。

（3）客人抵店前2小时检查房间、餐室状况和赠品的摆放。

①房间的布置应符合客人的喜好和生活起居习惯。

②注意客人安全，隐私保密。

③及时与相关部门沟通，确保客人的喜好得到尊重和安排。

2. 住宿期间

（1）提前10分钟到大厅迎候客人，客到后做简单介绍，引领客人至房间，介绍酒店设施及房间情况。

（2）客人进房后送欢迎茶及免费水果。

（3）与前台部门密切配合，安排客人的房间清洁、整理、夜床服务及餐室准备的检查、点单、餐中服务。

（4）根据客人需求每日为客人提供房内用餐、洗衣、叫醒、商务秘书、用车、日程安排、当日报纸、天气预报、商务会谈、休闲等服务。

（5）做好客人喜好的观察和收集，妥善处理好客人的意见和建议。

（6）做好酒店各部门的沟通和跟进，满足客人需求，超越客人期望。

（7）24小时为住店客人提供细致、周到的服务。

3. 离店前

（1）掌握客人离开的时间。

（2）为客人安排车辆、叫醒服务和行李服务。

（3）了解客人对酒店的满意度，确保客人满意地离开酒店。

4. 离店后

（1）做好客人档案管理工作。

①公司、职务。

②联系地址、电话及 E-mail。

③个人相片。

④意见或投诉。

⑤对客房、餐饮、娱乐、商务等喜好。

⑥未来的预订。

⑦名片。

（2）做好客人遗留物品的处理。

（三）贴身管家服务的注意事项

（1）注意对客人的尊称，能够用客人的姓名或职务来称呼客人。

（2）了解客人是否有宗教习俗。

（3）将你的联系方式告知客人，向客人介绍管家服务职能是 24 h 为客人提供服务。

（4）注意客人的性格，选择相应的沟通、服务方式。

（5）注意房间的温度、气氛及音乐是否适宜。

（6）客人遗留衣物应洗好妥善保存。

（四）贴身管家特殊服务规程

（1）行李开包：征求客人意见后予以操作。

（2）取衣。

（3）熨烫：征求客人意见或按服装的质地及款式进行操作。

（4）配套、摆挂：对客人衣物进行统一配套，按类挂好放入壁橱。

（5）擦鞋：执行客房擦鞋工作规程。

（五）贴身管家的素质标准

（1）具有基层服务工作经验，熟悉酒店前台部门工作流程及工作标准；熟悉餐饮部的菜肴，以及红酒搭配。

（2）具有较强的服务意识，能够站在客人的立场和角度提供优质服务，具有大局意识，工作责任心强。

（3）具有较强的沟通、协调及应变能力，能够妥善处理与客人之间发生的各类问题，与各部门保持良好的沟通、协调。

（4）了解酒店的各类服务项目、本地区的风土人情、旅游景点、土特产，具有一定的商务知识，能够简单处理与客人相关的商务材料。

（5）形象气质佳，具有良好的语言沟通能力。

（6）具备丰富的知识面，有较强的抗压能力。

四、个性化服务案例

一次，私人管家在一位从北京来的老人的房间发现，他床上的枕头下垫了个厚厚的毯子。问了与他同来的朋友才知道，这位老人的颈部曾受过伤，要睡高一点的枕头才舒服。管家马上申请定制了一个加高型的枕头放到客人房间，当晚这位老人回到房间就不用再垫毯子了。

类似的案例有很多。比如，下雨天客人的鞋子弄脏了，服务员打扫房间时看到后，主动把客人的鞋子拿去清理，并给客人留言告知；再如，服务员发现客人的房间中有一整个西瓜，主动为客人准备好托盘、水果刀和牙签；看到客人房间有小孩，在房间中放置漫画书、玩具、儿童拖鞋等。事例虽小，但常常令客人惊喜万分。一封封的表扬信给了客房服务员以肯定和鼓励；一张张笑脸拉近了双方的距离。

要想为客人提供个性化服务，不是要做轰轰烈烈的大事，而是要走近客人、细心观察、用心服务，服务于客人开口之前，才能有意想不到的效果。

任务实施

布置婚房

任务准备	1.一间大床房　2.布置婚房所需的物品	
步骤	动作规范	要求
1　敲门入房	按标准程序敲门，进入房间	敲门要符合规范
2　布置婚床	按酒店婚房配置标准，为客人铺好红色的床品	按酒店要求操作

续表

任务准备	1.一间大床房　2.布置婚房所需的物品	
步骤	动作规范	要求
3　摆放装饰品等	1. 用两条大浴巾折成一对天鹅，摆放在床尾； 2. 在天鹅的翅膀处撒上装饰用的玫瑰花瓣（绢花）； 3. 房间备品如拖鞋、毛巾、牙具等均配备情侣款； 4. 其他酒店规定的布置婚房用的装饰品，比如红色的茶杯、心形的巧克力、红酒等	按酒店要求操作；基于环保考虑，玫瑰花瓣尽量不使用真花
4　协助客人做好其他布置工作	客人还想在酒店布置的基础上进行个性化的装饰等，客房服务员给予协助和配合	尽力配合客人布置；要注重安全
5　离开房间	房间布置好后，将房间收拾整洁，离开房间	按酒店要求操作

为带孩子的客人提供个性化服务

任务准备	1.一间亲子房　2.亲子房相关的物品	
步骤	动作规范	要求
1　入住前	客人入住前了解儿童的具体年龄、性别、数量等信息	提前做好准备
2　入住中	1. 如果是6岁以下儿童，为客人免费提供儿童床/婴儿床，并检查是否能够正常使用； 2. 在房间内为客人提供儿童浴盆、儿童衣架、儿童拖鞋等物品； 3. 准备简单的糖果及安全的玩具等； 4. 将带棱角的家具做好防护，给插座孔插上专用保护插头，避免儿童碰撞或发生触电等危险； 5. 准备适量纸张，避免墙面涂鸦；准备儿童绘本等，供亲子阅读	1. 服务于客人开口之前； 2. 客人不方便携带，又是必需品的，酒店尽量为客人提供； 3. 加强安全意识； 4. 观察客人喜好并投其所好
3　入住后	赠送客人伴手礼并请客人留下宝贵的意见和建议	伴手礼体现酒店用心

任务评价

布置婚房评分表

步骤	动作要求	分值	得分
1　敲门进房	敲门及进房程序符合规范	1	
2　布置婚床	按酒店婚房标准铺好床	2	
3　摆放装饰品等	按酒店婚房标准摆放装饰品，如折叠天鹅、撒玫瑰花瓣（绢花）、情侣款备品及其他酒店提供的礼物等	4	

续表

步骤		动作要求	分值	得分
4	协助客人做好其他布置工作	能够配合客人完成其他的个性化布置，前提是要保证安全	2	
5	离开房间	按酒店要求离开房间	1	
		总分	10	

为带孩子的客人提供个性化服务评分表

步骤		动作要求	分值	得分
1	入住前	积极了解客人相关信息，做好准备	2	
2	入住中	1. 能够根据儿童年龄，免费为客人提供儿童床、儿童浴盆、儿童衣架、儿童拖鞋等必需品； 2. 具有安全意识，家具棱角、插座孔等做好防护； 3. 可准备适量的糖果、安全的玩具、适龄的绘本等符合儿童需求的食品及用品； 4. 为客人提供其他需要的服务	6	
3	入住后	主动赠送酒店伴手礼，并认真征求客人的意见	2	
		总分	10	

任务巩固及拓展

1. 任务巩固：参照以下流程图，依托客房实训室，六人一组，完成个性化客房设计活动。

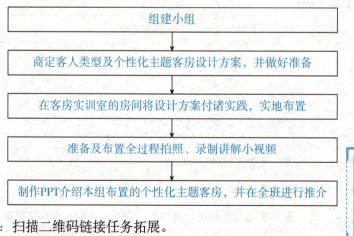

2. 任务拓展：扫描二维码链接任务拓展。

模块二 客房服务

项目三

洗衣房服务

学习本项目,能够了解客房部的布草管理、洗衣和熨烫等工作及相关内容。

洗衣房服务

任务一 布草管理

任务引入

布草是酒店日常最大消耗品,如何管理好布草是非常重要的工作,客房部洗衣房布草间管理员王姐,每天提前 10 min 到达工作岗位,和大家一起参加洗衣房晨会之后,回到工作间开始一天的工作。

学习目标

知识目标:1. 了解布草卫生管理。
2. 了解布草收发管理。
3. 熟悉如何处理问题布草。
4. 掌握布草报损程序。

能力目标:1. 提高布草间卫生标准。
2. 快速、准确做好布草收发。
3. 处理问题、差异布草和布草报损。

素养目标:1. 强化规范意识。
2. 强调工作流程标准。

基本知识

布草属于酒店专业用语,泛指现代酒店里一切跟"布"有关的东西,具体包括以下内容。

（1）酒店客房床上用品：如床单、被套、枕套、枕芯、被芯、装饰面料等。

（2）酒店卫浴产品：如方巾、面巾、浴巾、浴袍等。

（3）酒店餐厅纺织品：如台布、口布、椅套等。

一、布草房管理

（1）要保持布草房每天的卫生：地面无垃圾、无脚印、无积水、无水迹等。

（2）布草不能露空存放，所有干净的浴袍、浴巾、口布等布草均要放置在专用的布草柜内，禁止乱堆乱放。

（3）餐厅布草禁止与客房布草、一次性洗涤物品距离太近，避免造成污染。

（4）在当天的布草工作完成后，所有布草不得被人为污染，如脚踏、工作车轮压、随地乱扔或被当作清洁抹布使用。

（5）布草摆放要整齐、美观、大方，在使用布草时要轻拿轻放，并进行及时整理。

（6）每天下班时都要清理一遍布草房内的吸尘器，吸尘器内要保持无脏物，表面要保持干净、无灰尘与斑迹，禁止乱放。

（7）布草房内禁止存放客人的私人物品及酒水、房卡等遗留物，若有以上物品要及时交到客房服务中心处理。

二、布草收发管理

（一）收脏布草

（1）收取脏布草时要按颜色与种类及时分类。

（2）逐一清点收取的数量，并检查布草内是否有杂物。

（3）检查有重大污损和破损的布草，将这些特殊布草做好标记和记录。

（4）客房部、餐饮部送到布草房的脏布草由洗衣房员工清点，并按种类、颜色、尺寸分类后分别记录。

（5）客房部、餐饮部等部门换取干净布草时，必须填写"布草申领单"。

（二）发放布草

（1）按实点数量发放布草，分清楼层。

（2）特殊布草要按记录数目发放。

（3）布草收发员要将洗干净的客房用布草用布草车送回楼层，并由客房服务员接手。

（4）餐饮部布草由布草收发员按餐饮部收取布草记录上的种类、颜色、尺寸发放给各餐厅。

（5）发放布草要请接收负责人做好签收手续。

（6）发放布草前要检查布草质量，破损的、未洗干净的、未烫平的、有异味的不能发放。

（7）发放布草时要注意各部门、各分部的布草不能混淆发放。同时要遵循一个原则：送洗多少数量的脏布草就要换领相应数量的干净布草。如果申领者要求超额领用，应提前填写"布草借用申请表"并经有关人员批准；如果布草房发放的布草数量有短缺，也应开出"布草签单"，作为以后补领的依据。

（三）处理问题、差异布草

（1）没有洗涤干净的脏布草，要与布草洗涤工协商，再次洗涤。

（2）经反复洗涤仍有污迹的布草，要单独放在一边，留做它用；或在布草的明显位置上缝一条线，做区分，以免混淆。

（3）对于损坏的布草也要单独存放或缝上一条线，以免与其他布草混淆。

三、布草报损管理

（一）布草报损条件

（1）布草平面的中心、四边角位有破烂，就不能再继续使用。

（2）重污布草在去污、洗涤之后仍不能去除污迹。

（3）布草有陈旧、变色、染色、褪色等现象且在洗涤后更加严重，导致无法使用。

（4）布草有明显的抽线、抽毛等不能修补的破损现象。

（5）布草有缝纫工无法修补的破损情况，可以申请报废。

（二）布草报损程序

（1）布草保管员要仔细审核相关人员送来的布草和"布草报损申请单"，对报损布草进行清点分类，并与"布草报损申请单"上的数目核对，确保准确无误。

（2）布草保管员将"布草报损申请单"报布草房主管，经审核签收后交布草保管员登记、入账。

（3）报损的各类布草由布草保管员负责汇总。

（4）布草房主管要督促、检查布草房定期汇总统计报损的布草，并据此提出处理意见，报布草房经理和各使用部门，由使用部门提出布草申购申请。

随着智能化程度的不断发展，酒店客房服务与管理工作也将不断融入智能化的元素，华住酒店集团旗下酒店使用"易客房"系统实现布草智能化管理（图2-21），让布草管理工作变得更加快捷。我们可以通过该系统直接进行布草录入，客房管理人员对于布草的使用情况一目了然，同时可以实现信息共享，大大简化了布草报损及申购的程序，进一步提升工作效率。

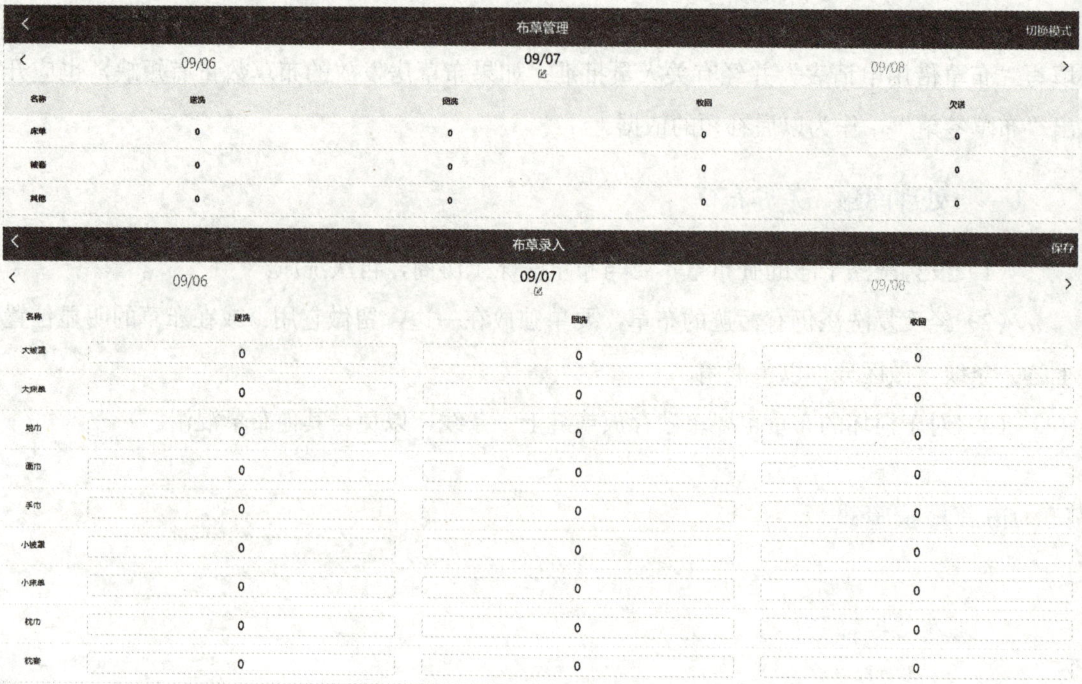

图2-21 布草智能化管理

资料来源：华住集团1+X现代酒店服务质量管理职业技能证书考证培训资料

任务实施

送还客衣

任务准备	1. 洗衣控制单　2. 吊挂衣物　3. 洗衣筐　4. DND卡片		
步骤		动作规范	要求
1	检查客衣	检查洗衣控制单、房间号码、客衣数量	数量准确，房号准确
2	客人在房间时	遵守进门程序，称呼客人姓名，大方得体	询问客衣摆放位置

续表

任务准备	1.洗衣控制单 2.吊挂衣物 3.洗衣筐 4.DND 卡片		
步骤		动作规范	要求
3	客人不在房间时	万能钥匙开门，按酒店标准摆放	吊挂衣物放在衣柜内，衣架钩开口向内，不要朝向自己
			洗衣筐放在床尾凳上
4	DND 房间处理	不要敲门，挂好 DND 卡片	客衣保存在洗衣房
			做好班次交接，持续跟进

任务评价

送还客衣评分表

步骤		动作要求	分值	得分
1	检查客衣	有检查动作	1	
2	客人在房间时	打招呼，称呼客人姓名	3	
3	客人不在房间时	万能钥匙开门，按酒店标准摆放	3	
4	DND 房间处理	不能敲门，挂好 DND 卡片，做好交接	3	
		总分	10	

任务巩固及拓展

1. 任务巩固：参照以下流程图，依托客房实训室，模拟演练如何返还客衣，每人模拟一次。

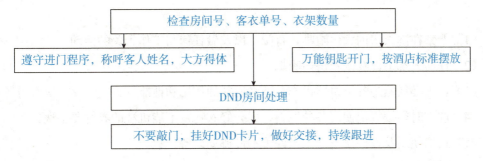

2. 任务拓展：扫描二维码链接任务拓展。

任务二　衣物洗烫

任务引入

洗衣房每天要处理上百件客衣的洗涤，根据客衣类别不同，将其送至车间洗涤。早上8点客房部洗衣房洗烫工王姐来到工作岗位，参加晨会后开始一天的工作。

学习目标

知识目标：1. 熟悉洗衣房员工工作规范。
　　　　　2. 了解客衣洗涤的质量标准。
　　　　　3. 了解客衣熨烫的质量标准。
　　　　　4. 了解客衣包装规范。

能力目标：1. 能够熟悉洗衣房员工工作规范。
　　　　　2. 能够熟悉洗衣房衣物洗烫标准。

素养目标：1. 遵守规范意识。
　　　　　2. 强化安全意识。

基本知识

一、洗衣房员工工作规范

（1）严禁在洗衣房内大声喧哗、打闹，以及做任何与工作无关的活动。

（2）任何人都不许在洗衣房内吸烟。

（3）员工必须熟悉各类机器操作及洗涤原料的作用和性能。

（4）洗衣时须按规定使用各种原料，区分好衣物，不能机洗的衣物要手洗。

（5）正确使用及爱护设备，未经许可不许挪动设备位置。

（6）机器运作时，若发现有不正常的现象，要马上停止机器运作，并汇报上级。

（7）严禁带领或允许外部人员进入洗衣房。

（8）严禁在洗衣房洗涤及挂放私人衣物。

（9）不得将洗衣房任何设备及用品带出私用。

（10）非工作时间不得私自使用机器设备。

二、客衣洗涤质量标准

（一）干洗质量标准

（1）干洗前须认真检查客衣布料、质地、性能、颜色深浅、脏净程度，再进行分类洗涤。

（2）有较重污迹、不宜与其他客衣同时洗涤的客衣要先进行手洗去渍去污。

（3）洗涤后的客衣干净，无任何污迹、汗渍、掉色、脱扣等现象发生。

（二）水洗质量标准

（1）水洗前检查衣物袖口、领子等易脏处，喷去污药水 10～15 min 去渍，再进行水洗。

（2）水洗应分类洗涤，每类衣物都要正确选择合适的洗涤剂，并注意衣物质量要与机器容量相适应。

（3）水温、气压、冲洗时间掌握准确。深色、杂色衣物，水温 35℃以下，洗涤 7～9 min；白色衣物和衬衫，水温 60℃以下，洗涤 12～13 min。

（4）烘干时应注意温度一般要控制在 60℃以下。

（5）洗后的客衣干净、完好、不褪色、不染色，无任何污迹。

（三）手洗质量标准

（1）对于丝绸质地的衣物、百褶裙、丝袜等有特别洗涤要求的客衣，必须手洗。

（2）洗涤时根据衣物脏净程度和洗涤要求，合理选择洗涤剂，正确掌握水温。

（3）手洗时轻揉搓去污渍，并用清水冲洗干净，对于容易掉色的衣物进行装袋洗涤。

（4）洗后的衣物洁净，无任何破损。

三、客衣熨烫质量标准

客衣熨烫的主要种类为西服上衣、西服裤子、衬衫、T恤衫。

（一）西服上衣熨烫质量标准

（1）衣领：外表布料平整无皱、无光亮，领边圆平，里领不外露。

（2）肩：垫肩保持原样，无光亮，外表布料无皱。

（3）翻领：内外布料无皱，无光亮、无压印，左右翻领的角度须一致，翻领位于第一颗纽扣处，呈 30～45 度角。

　　（4）前身：无褶、无光亮、无压印，下摆平整。

　　（5）衣兜：兜口内外呈"一"字形，不露内衬，兜盖方正、无压印、无褶皱。

　　（6）后身：外表平挺无皱，无光亮、无衣缝压印，衬里不外露。

　　（7）开叉：无压板压印。

　　（8）衣袖：外表平挺无皱，袖线平直，无双袖线、无光亮，袖边及袖口处须烫平、无袖扣压印。

　　（9）衣缝：所有衣缝衬里要劈开熨平，外表如果有衣缝压印也要去除。

　　（10）衬里：所有衬里须无死褶，衬里过长的要用熨斗熨平、熨齐。

（二）西服裤子熨烫质量标准

　　（1）裤腰：环腰无褶皱，裤兜口拉直，后裤兜盖平整无扣印，小裤线长度齐于兜口。

　　（2）裤身：大裤线自然流畅，无双裤线，两边接缝能对正，两裤腿中线能对齐吻合。

（三）衬衫熨烫质量标准

　　（1）衣领：衣领呈圆形且挺立，领尖光洁无各种印痕，小领直立呈三角形。

　　（2）肩：平整，无褶皱。

　　（3）前身：平整无扣印、无光亮。

　　（4）衣兜：平整无皱，有兜盖的兜盖要平，兜盖扣要扣上。

　　（5）后身：平整，无光亮。

　　（6）袖子：无双袖线，袖口无褶，袖扣要扣上。

　　（7）底摆：平整，无褶皱。

（四）T恤衫熨烫质量标准

　　（1）衣领：领口贴实自然，前襟上开口处不能有起伏。

　　（2）袖子及下摆：袖口及下摆要平整，不能有卷起。

　　（3）衣身：整件衣物不能有不合理的折痕，衣兜口及各种衣物上附带饰物要平直贴实。

四、客衣包装

（一）袋装包装规范

　　（1）保证包装客衣的工作台整洁。

　　（2）将所有折叠好的衬衣、T恤衫及小件物品收集到工作台。

（3）根据洗衣单逐项检查对照，看衣物实际件数与洗衣单上填写的件数是否相符。

（4）包装时大件（衬衣、T恤衫）放两面，小件（内裤、袜子）夹中间，手帕放在最上面。

（5）装袋前再点一次总数，检查无误后则连同洗衣单一起装入袋内。用订书机封口。

（二）挂件包装规范

（1）将所有挂件收集到挂衣车上，按楼层与房号的顺序由高到低依次排列。

（2）一个衣架只可挂一件衣物，所有上衣都要将靠近领口的第一颗纽扣扣上，有拉链的则需将拉链拉上。

（3）挂件排列的顺序一般为：西装、外套、衬衣放前面，西裤放后面。

（4）装袋前将该房间的挂件集中，统一检查一遍房号、数量，检查无误后再用西装袋套起来。

（5）西装袋的右上角要注明房号，挂袋的正面要靠近西装的纽扣一面。

任务实施

客衣衬衫折叠

任务准备		1.衬衫　2.纸板　3.领花　4.夹子　5.衣物折叠桌	
步骤		动作规范	要求
1	扣衬衫纽扣	将领口中间下方纽扣扣好	衣领拉直
2	把衬衫横放	领口在左手边，领口正面朝下	衬衫平铺在折叠桌上
3	放入纸板	衣领后方插入纸板，让纸板撑住衬衫背部	纸板完全撑住衬衫
4	折叠衬衫	折叠左边及袖子、右边及袖子，折叠衬衫底部	平整，衬衫底部贴近衣领后方
5	夹子固定	用夹子把肩膀和四周固定	没有褶皱
6	加入领花	把衬衫翻转后加入领花	整齐美观

任务评价

客衣衬衫折叠评分表

步骤		动作要求	分值	得分
1	扣衬衫纽扣	动作娴熟、规范	1	
2	把衬衫横放	轻拿轻放，不拖拉	1	

续表

步骤		动作要求	分值	得分
3	放入纸板	从衣领后方插入	2	
4	折叠衬衫	整齐，平整，衬衫折叠左右位置相同	4	
5	夹子固定	固定好四周，不能有褶皱	1	
6	衣领加入领花	翻转衬衫后加入领花	1	
		总分	10	

任务巩固及拓展

1. 任务巩固：参照以下流程图，依托客房实训室，模拟演练如何折叠客衣衬衫，每人模拟一次。

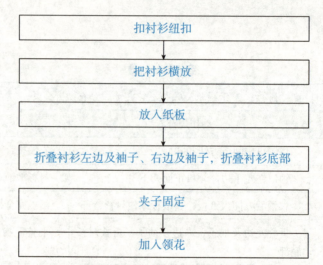

2. 任务拓展：扫描二维码链接任务拓展。

模块三　客房管理

学习本模块，学生能够了解酒店客房部的对客服务管理、员工督导管理及内部日常管理等内容。

对客服务管理

学习本项目,能够掌握客房服务质量的控制;如何处理客人投诉。

任务一 服务质量管理

任务引入

客房服务员王姐正在努力清扫房间。这时主管过来跟她说:"王姐,昨天2805房间的客人投诉你了。"王姐很是诧异,她没觉得自己有哪里做得不好。于是就问主管:"为什么啊?我做错了什么?"主管说:"2805的高先生投诉你手里拿着儿童拖鞋却不给他们。"王姐听后想起了昨天在走廊里的一幕:她正拿着一双儿童拖鞋送往2810房间,客人着急要,碰巧遇到了2805房间的客人出来,看到她手里的拖鞋就说:"我们正好需要一双儿童拖鞋,把这双拖鞋给我们吧。"王姐礼貌地回复:"对不起,先生,这双拖鞋是2810房间客人要的,请您稍等,我一会儿再给您拿一双送到房间啊。"说完,王姐急急忙忙把拖鞋送到2810房间,回来后又拿了一双儿童拖鞋送到2805房间。客人当时没说什么,怎么就投诉了呢?王姐有些困惑,主管安慰王姐不要放在心上,同时提醒她下一次如果再碰到类似情况,可稍微灵活一点处理,先满足面前这位客人的需求。

学习目标

知识目标:1. 了解客房服务质量的构成。

2. 了解客房服务质量标准的建立。

3. 熟悉客房服务质量控制的主要环节。

4. 掌握提高客房服务质量的途径。

能力目标： 1. 能够将客房服务质量标准具体化。

2. 能够提出至少一个提高客房服务质量的途径。

素养目标： 1. 强化质量意识。

2. 强化服务意识。

3. 强化服务礼仪。

4. 强化灵活意识。

基本知识

"质量是企业的生命"这一观念已经成为当代企业的基本共识，对于酒店管理也是如此。在市场竞争条件下，酒店经营成败的关键在于服务质量。客房服务是酒店服务的重要组成部分，其质量高低直接影响酒店服务质量和客房出租率。要加强客房服务质量管理，提高客房的服务质量水平，必须认识客房服务质量及其管理内容。

一、客房服务质量的构成

服务质量（Service Quality）是指以设备或产品为依托的劳务适合和满足客人物质和精神需求的程度。适合和满足的程度越高，服务质量就越好。客房服务质量由以下三个方面的内容构成。

（一）客房设施设备用品质量

客房设施设备用品质量包括客房家具、电器设备、卫生间设备、防火防盗设施、客房备用品和客房供应品的质量。这些是客房服务提供的物质基础，其舒适完好程度如何，直接影响到整个客房服务的质量。

（二）客房环境质量

客房环境质量主要是指客房设施设备的布局和装饰美化，客房的采光、照明、通风、温湿度的适宜程度等。良好的客房环境能使客人感到舒适惬意，产生美的享受。

（三）劳务质量

劳务质量是客房部一线服务人员对客人提供的服务本身的质量。它包括服务态度、服务语言、服务的礼节、服务方法、服务技能技巧、服务效率等。

在以上三个方面中，设施设备用品和环境的质量是有形的，劳务质量是无形的，却又是服务质量的最终表现形式。三者的有机结合，便构成了客房服务质量。客房管理的目的，就是促使客房服务质量得到全面提高，满足客人的物质需求和精神需求，从而创造经济效益和社会效益。

客房服务质量的优劣最终取决于入住客人的体验和评价，要给予客人关心和关爱，客房服务员可参照二维码中的九项优质服务，以收获更多客人好评。

九项优质服务助你收获客人好评

二、客房服务质量标准的建立

（一）客房服务质量标准设计的依据

客房服务质量标准的设计主要应该考虑三个方面的因素。

1. 适应性

设施设备的质量标准必须和酒店星级与档次相适应，星级越高，客房服务设施就越完善，设备就越豪华舒适。因此，客房服务设施的标准有不同的层次。

2. 合理性

服务质量的标准必须和产品价值相吻合。客房服务质量的标准体现的是客房产品价值含量的高低。与其他产品一样，客房产品也应该符合物有所值的要求，服务质量的标准包括有形价值和无形价值两部分。由于它关系到消费者和酒店双方的利益，制定标准应该准确合理。标准过高，酒店要吃亏；标准过低，客人不满意，影响酒店声誉。

3. 针对性

服务质量的标准必须以客人的需求为出发点。服务质量中人的劳务质量体现在服务态度、服务技巧、礼节礼貌等各个方面，其质量高低主要取决于客人的心理感受。因此，任何脱离客人需求的服务标准都是没有生命力的。

（二）客房服务质量标准的内容

根据客房服务质量标准的设计所要考虑的因素，客房服务质量的标准包括以下十方面的内容。

1. 服务工作标准

服务工作标准主要是指酒店为保证客房服务质量水平对服务工作所提出的具体要求。服务工作标准不对服务效果做出明确的要求，只对服务工作本身提出具体要求。例如，客房床单应每日更换一次；大堂地面必须每天定时推尘。

2. 服务程序标准

服务程序标准是指将服务环节根据时间顺序进行有序排列，既要求做到服务工作的有序性，又要求保证服务内容的完整性。例如，客房接待服务有四个环节，即客人到店前的准备工作、客人到店时的迎接工作、客人住店期间的服务工作、客人离店时的结束检查工作，其中每个环节又进一步细分出很多具体的步骤和要求，如果这个环节中有一个步骤出现问题，都会使客房服务质量受到很大影响。确定客房服务程序标准是保证服务质量的重要举措。

3. 服务效率标准

服务效率标准是指在对客服务中建立的服务的时效标准，以保证客人得到快捷、有效的服务。例如，客房服务中心接到客人要求服务的电话，3 min 钟内必须为客人提供服务；客人交付洗烫的衣物必须在 24 h 内交还客人等。

4. 服务设施用品标准

服务设施用品标准是指酒店对客人直接使用的各种设施和用品的质量和数量做出严格的规定。设施和用品是酒店服务产品的硬件部分，其使用标准制定的高低直接影响到客房产品质量水平。如果客房中的一次性牙刷和牙膏质量低劣，客人就往往会在使用这些劣质用品时对酒店整体的质量水平产生怀疑和不满。

5. 服务状态标准

服务状态标准是指酒店针对给客人所创造的环境状态、设施使用保养水平提出的标准。例如，客房设施应保持完好无损，所有电器可以正常使用，卫生间 24 h 供应热水，地毯无灰尘、无霉变。

6. 服务态度标准

服务态度标准是指对服务员提供面对面的服务时所应表现出的态度和举止礼仪做出的规定。例如，服务员须实行站立服务，接待客人时应面带微笑，站立时不得前倾后靠、双手叉腰、搔头挖耳，当着客人面不得高声喧哗、吐痰、嚼口香糖等。

7. 服务技能标准

服务技能标准是指客房服务员所应具备的服务素质和应达到的服务等级水平及语言能力，规定服务人员所应具有的服务经验和所应掌握的服务知识，规定特定岗位上的服务人员能够熟练运用的操作技能。例如，一名客房清扫员应能在 30 min 左右完成一间标准客房的清扫工作。

8. 服务语言标准

服务语言标准是指酒店规定的待客服务中所必须使用的标准化语言。酒店在欢迎、欢送、问候、致谢、道歉等各种场合下要求员工使用标准语言。如规定服务中使用的敬语口诀："请"字当头，"谢谢"不断，见面"您好"，离别"再见"，得罪客人"对不起"，客人谢谢"没关系"等；同时，酒店也应明确规定服务忌语，如规定在任何时候不能回答客人"不知道"。使用标准化语言可以提高服务质量,确保服务语言的准确性。

9. 服务规格标准

服务规格标准是指酒店对各类客人提供服务所应达到的礼遇标准。例如,规定对入住若干次以上的常客提供服务时必须称呼客人姓名;对入住豪华套房的客人提供印有客人烫金姓名的信纸信封;对 VIP 客人的房间要放置鲜花、果篮。

10. 服务质量检查和事故处理标准

服务质量检查和事故处理标准是指对前述服务标准的贯彻执行所制定的标准,也是酒店服务质量的必要构成部分。发生服务质量事故,酒店一方面要有对员工的处罚标准,另一方面也要有对事故处理的程序和对客补偿、挽回影响的具体措施。

三、客房服务质量控制的主要环节

(一)准备过程的质量控制

在客人到店之前,各岗位做好充分准备工作,加强质量管理,是保证服务质量的物质基础和前提条件,直接关系到整个服务过程的质量。

1. 精神准备

要求每个服务人员必须精神饱满、思想集中、着装整洁、规范上岗。必要时要事先了解客人的身份、生活习惯等,以便有针对性地提供服务。

2. 物质准备

物质准备包括前厅、客房、安全保卫等各方面的准备工作。保证客人一进店,就能提供满意的服务。例如,客房部要检查房间的设备是否齐全完好,房间是否整洁,布置是否美观、舒适,用品配备是否完善等,以确保客房质量达到标准。

(二)接待服务过程的质量控制

接待服务过程是客房服务全过程的关键环节,其质量是客房服务质量最直接、最具体的体现。接待服务质量的高低,直接影响客人的满意程度和酒店的声誉。接待服务过程的质量控制主要有以下两个方面的内容。

(1)严格执行接待服务规范,加强服务质量检查。客人到店入住后,服务人员必须严格按规范的标准方法和程序进行操作,为客人提供优质服务。各级管理人员要以服务质量标准为依据,加强对服务质量的监督和检查,如发现质量问题要及时纠正,加强控制。特别是对接待服务的关键部门、岗位或薄弱环节要实行重点的有效控制。

(2)搜集质量信息,分析产生质量问题的原因,尽快研究改进。

（三）结束过程的质量控制

接待服务结束工作的质量控制，是客房全过程质量控制的最后一个环节。其主要内容有以下两点。

1. 客人离店前的工作

（1）服务人员要主动、诚恳地征求意见，对服务质量不足之处要表示歉意。对一些未尽事宜或客人提出的要求和投诉，要尽可能给予补救和答复解决。

（2）掌握客人离店时间，认真核对客人账单，保证准确、及时结账，防止漏账。

（3）客人离店时，主动告别，并表示感谢，欢迎下次光临。

2. 客人离店后的工作

正确处理客人遗留、遗弃物品。做好新一轮的接待服务准备工作，以迎接下一批客人的到来。

四、提高客房服务质量的途径

（一）培养员工的服务意识

服务意识是客房部员工应具备的基本素养之一，也是提高服务质量的根本保证。

（1）应做好客房部员工岗前及岗位培训，让员工树立规范操作、自检自查的岗位责任感。同时，客房部管理人员应制定严格的服务程序和操作规范，使服务员在具备一定的服务意识前提下，全心全意为客人提供服务。

（2）要树立"客人总是对的"的思想。要求员工"把对让给客人"，树立"客人就是上帝"意识。但"客人总是对的"并不意味着"员工总是错的"，管理人员应尊重员工，理解员工。

（3）应熟练掌握服务技能，增强应变能力。客人住店期间，除了会遇到各种常规问题，还会经常遇到各种突发问题，是否能及时正确处理这些问题，并使客人满意，则取决于员工是否具备一定的服务技能，是否有对客人提出的合理要求做出反应的应变能力。

（二）为客人提供个性化服务

标准化、规范化的服务是从客人共性角度出发而制定的，是客房服务质量的基本要求，但每位客人都具有个性。因此，应为其提供相应的个性化服务，才能提高客人的满意度。

通过设置客人意见表或定期拜访客人的方法来征求客人意见，是提供个性化服务的一个十分有效的途径。客人是最能发现客房服务中的缺陷的，对服务质量也最有发言权，通过与客人的交流，可以了解客人的需求，增进双方的信任，也能发现酒店自身的不足，加以改进，从而提高客人对客房服务的满意度。

此外，还应处理好对客服务中的各种特殊情况。如遇到客人刁难时，应细心观察，掌握客人的性格和生活特点，分析客人刁难的原因，主动地提供服务，并注意保持冷静的态度，热情周到，以礼相待。如遇到客人有伤心或不幸的事，心情不好时，应掌握客人的心理动态，尽量满足客人的要求，并且态度要和蔼，服务要耐心，语言要精练，对客人的不幸或伤心事，应报以同情的态度，使用敬语安慰客人，但不要喋喋不休，以免干扰客人。如客人提出批评意见，应虚心听取，诚恳接受，在客人未讲完时不要急于辩解。如果是对工作中的不足提出的意见，要向客人表示歉意，并马上加以纠正；如果是因为客人误解而提出的意见，也应耐心细致地解释，争取客人的谅解，并向客人表示感谢。

（三）为客人提供有针对性的服务

由于客人来自不同的国家，每一位客人都有不同的生活方式和习惯，对酒店的服务也有着不同的要求，这就要求客房部员工了解客人的需求特点，采取不同的服务方法，提供有针对性的服务。

（1）观光型客人：主要以游览为目的，喜欢购买旅游纪念品，委托服务项目较多。针对这类客人，应重点做好以下各项服务：如叫醒服务应准时，早上离店后应做好房间整理，晚上进店前应准备好开水，主动介绍当地风景名胜、特色餐饮、土特产品等。

（2）商务型客人：一般入住高档客房，消费水平较高，对设施设备要求较高，房间布置应有特色，工作时要求安静不被打扰。针对这类客人，应积极主动地为其提供优质的洗衣服务、美容美发服务、擦皮鞋服务、商务中心服务等。

（3）蜜月型客人：要求房间干净卫生，整齐、美观、恬静，对风景名胜和旅游纪念品比较感兴趣。针对这类客人，应为其安排蜜月房，按其要求或风俗习惯布置好房间，举行婚礼时应送结婚纪念品，并组织员工表示祝贺。

（4）会议型客人：一般人数较多，活动集中且有规律。针对这类客人，为其安排房间时应集中，尽量安排在同一楼层的相邻房间。此外，会议期间要做好各项会议服务。

（5）疗养型客人：通常住店时间长，喜欢安静，外出活动有规律。针对这类客人，应尽量为其安排僻静的房间，主动询问是否需要房内用餐服务，客人休息时不要打扰他们，保持楼层和客房的安静。

（四）加强员工仪容仪表仪态与礼节礼貌的培训

礼节和礼貌是两个不同的概念。礼节是向他人表示敬意的一种仪式；礼貌是表示敬意的通称，是待人谦虚、恭敬的态度。礼节礼貌是搞好服务工作的一个重要方面，客房部员工在日常工作中的礼节礼貌直接关系着酒店的服务质量和管理水平，以及员工的精神状态和文明程度。服务工作中的礼节礼貌贯穿各个环节，与客房服务质量有关的培训内容主要有问候用语、称呼礼节、应答礼节、言谈礼节等。

仪容仪表仪态培训主要包括：头、手、口腔、面部等仪容要求；工作服、工号牌、工作鞋、袜子、各种饰物等仪表要求；坐姿、站姿、走姿等仪态要求。

客房部员工日常服务中还应注意以下方面：记住客人的一些特殊要求，如客人要求每天早上8：00前清扫房间，客人需要3个枕头等，那么客人下次再入住，也应主动提供这种服务；客人在读书、写字、看报时，不可从旁窥视、滥发议论；在客人面前不要指手画脚、交头接耳；客人与他人谈话时，切勿从旁偷听、随便插话；客人赠送礼物、纪念品，应婉言谢绝，如不能谢绝，接受后立即上报；遇到服装奇异、举止特殊的客人，要尊重客人的个人爱好和风俗习惯，不可围观、嘲笑、议论、模仿或起外号；禁止大声喧哗、开玩笑、哼唱歌曲；在客人面前咳嗽、打喷嚏时，须转身用手帕把嘴捂住。此外，还应做好与酒店其他部门的沟通与协调，如前厅部、工程部、餐饮部、保安部、人力资源部、财务部等，客房部与这些部门之间应密切联系，需要相互理解和支持。

（五）服务过程中应坚持良好的客房服务基本原则

1. 个性化服务原则

个性化服务就是指在服务过程中尽量满足每位客人的个性化需求，要做好个性化服务，完善的客房档案的建立是必不可少的。它要求酒店在服务过程中留心收集每位住店客人吃、住、行、游、购、娱等全方位的需求信息，有了这些信息，就可在接待方式、客房氛围、菜肴口味等各个细节方面满足客人的个性化需求，让再次光临的客人产生一种"受重视"的感觉，在心理上得到一种"受尊重"的满足感。

2. 人情化服务原则

服务工作的过程是客人和服务人员之间共同交流的过程，这个过程如果缺少感情的投入，就会使客人与服务员之间产生距离感，使服务的满意度下降。做好人情化服务，要求服务人员在对客服务上突出感情的投入，把客人当家人、当朋友来理解，处处为客人着想，时时为他们提供方便。

3. 有形化服务原则

做好服务的有形展示，使酒店服务的价值表现于有形，可以增加酒店服务工作的透明度，使客人对酒店产生长久的信任感。如结账时提供详细的消费清单、现场制作菜肴食品、制作精美的宣传图片等。服务工作的有形化，可以创造较好的消费气氛，增加销售量。"凡是客人看到的都是整洁美观的，凡是提供给客人使用的都必须是安全有效的，所有员工对客人必须是热情友好的"是做好有形化服务工作的精髓。

4. 市场化服务原则

酒店与市场的连接点是客人的需求，有客人的需求才有市场。围绕客人的需求，以令客人满意的服务来取得良好的效益是现代酒店的经营基础。因此在服务中，必须有市场化的眼光，一切服务要围绕着客人的需求开展。目前，有很多酒店从业人员的思想意识还停留在产品观念时代，服务的眼光关注的是自身产品的完善而不是放在客户的需求上。当客人的需求超出酒店的服务程序和范围时，往往要求客人来适应酒店既定的服务模式，而不是顺应客户，做出令客户满意的调整，服务必须以市场需求为导向。在日常生活服务中，只要不违背原则，就要做好"超常规服务"，尽量满足客人要求。"只有满意的客人，才会有满意的效益"，应作为每位从事服务工作人员的正确理念来指导工作。

任务实施

制定一项具体化的客房服务质量标准

任务准备		1. 客房服务质量十项标准　2. 企业 SOP	
步骤		动作规范	要求
1	组建小组	三人一组	自由组合或抽签决定
2	选一项标准	从"客房服务质量十项标准"中任选一项标准	选择一项标准即可
3	将标准具体化	三人共同商讨，对所选择的一项标准进行具体化描述，比如服务技能标准：一名客房清扫员应能在 30 min 左右完成一间标准客房的清扫工作（详见住客房清扫评价表）	将完成时间具体化；对技能进行分解具体化；将完成的标准具体化
4	完成最终标准	可参照企业 SOP 进行适当修订并定稿	符合实际，可操作性强

提交一份提高客房服务质量的方案

任务准备		1. 提高客房服务质量的途径　2. 客人好评案例参考	
步骤		动作规范	要求
1	组建小组	三人一组	自由组合或抽签决定
2	选一个途径	从"提高客房服务质量的途径"中任选一个途径	选择一个途径即可

续表

任务准备	1.提高客房服务质量的途径 2.客人好评案例参考	
步骤	动作规范	要求
3	将途径具体化	三人共同商讨，对所选择的一项途径进行具体化描述，比如加强员工仪容仪表仪态与礼貌礼节的培训；制订具体的礼仪培训计划，包括培训时间、地点、方式（礼仪操比赛等）及效果评估等
		将培训细节具体化
4	上交最终方案	每组提交一份具体提高客房服务质量的方案	可操作性强

任务评价

制定一项具体化的客房服务质量标准评分表

步骤		动作要求	分值	得分
1	组建小组	能够快速组建三人小组	1	
2	选一项标准	能够从十项标准中选出一项标准	1	
3	将标准具体化	小组成员分工协作，相互协调，共同制定某一项客房服务质量的标准，使其具体可操作	5	
4	完成最终标准	参照企业 SOP 完成最终标准的制定	3	
		总分	10	

提交一份提高客房服务质量的方案评分表

步骤		动作要求	分值	得分
1	组建小组	能够快速组建三人小组	1	
2	选一个途径	能够选出一个提高客房服务质量的途径	1	
3	将途径具体化	小组成员分工协作，相互协调，共同商讨提高客房服务质量的方案，比如员工服务礼仪的培训，并使其具体可操作、可评价	5	
4	上交最终方案	能够按要求提交最终方案	3	
		总分	10	

任务巩固及拓展

1. 任务巩固：参照以下流程图，三人一组，提交一份提高员工个性化服务意识的方案。

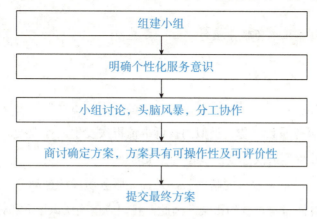

2. 任务拓展：扫描二维码链接任务拓展。

任务二　客人投诉处理

任务引入

客房服务员王姐中午吃饭时委屈得直哭，一问才知道，她今天被投诉了，投诉的原因是2802房间客人在洗手台上发现了一根头发。接到客人投诉后，王姐和主管一起到客人的房间在洗手台上仔细检查了半天，并未发现客人所说的头发，但客人坚持说房间清扫不干净，要求换人立即重新清扫。

学习目标

知识目标：1. 了解投诉的概念。

2. 熟悉投诉的分类。

3. 了解投诉的影响。

能力目标：1. 能够倾听客人投诉。

2. 能够熟练地处理客人投诉。

处理客人投诉

素养目标： 1. 正确认识投诉。

2. 具备同理心（换位思考）。

3. 具备耐心。

4. 培养正确的服务理念。

基本知识

在酒店实际工作中，投诉是不可避免的，关键在于酒店要善于把投诉的消极面转化成积极面，不断提高服务质量，防止类似的投诉事情再次发生。处理投诉的目的是使因客人投诉而造成的伤害减少到最低程度，最终使客人满意。

投诉是管理工作质量和效果的晴雨表，是提高服务质量的推动力。客人直接向酒店投诉，给酒店提供了挽回自身声誉的机会。因此，我们应正确认识投诉和处理投诉。

一、投诉的概念

投诉是客人针对酒店的产品质量、服务态度及设施设备等方面问题表示不满，向酒店主管部门批评、抱怨或申诉，并要求得到酒店相应补偿的一种手段。

二、投诉的分类

（一）对服务人员的投诉

（1）服务员的服务工作未到位。

（2）服务员在对客人服务中态度不佳，给客人摆脸色。

（3）服务技能不规范。

（二）由客房产品引起的投诉

客房服务是酒店的标志性服务，因此酒店非常重视客房的管理。大致有三种原因的投诉：一是卫生不合格；二是房内物资配备不齐；三是噪声的干扰。

（三）对设施设备的投诉

因部分设施设备老化，导致顾客无法体验到应有的服务。

（四）来自客人自身原因的投诉

客人来酒店消费，酒店就会尽量满足客人的要求。但客人对酒店期望值比较高，对酒店的要求也许会超出实际，因此当酒店无法满足客人要求时，就会使客人产生误会造成投诉。除了这方面，还有就是客人是蓄意的。一是因为客人自己心情不好想找一个发泄口来发泄心中的怒气；二是想经过投诉来得到好处，要求酒店来为自己的消费打折，但是一般这种情况是极少发生的。

（五）对其他因素的投诉

1. 意外事件

这种投诉是由客房潜在的问题引起的，如客人丢失物品。当然，这也是酒店管理的一种疏忽。

2. 可抗力因素

这类投诉一般情况下是极少发生的，主要包括酒店忽然停电、水管爆裂堵塞、发生火灾等。

三、投诉的特征

根据顾客诉求，把投诉的特征归为：非典型投诉（发牢骚）、建设性投诉（建议）、控告性投诉（补偿）。

（一）非典型投诉

例如，806房间的客人在前台对服务员讲："你好，酒店房间不错，周围环境也很好，就是房间有点冷。"这位客人的上述讲话不太像是告状，但我们仍然应该把它视为投诉。因为客人毕竟向我们传达了一种批评的信息。尽管他可能是随口而说，且并无怒气。次日，当他又一次来到前台时，客服走上前对他说："先生，我们已把您对客房温度的意见转达给了客房部，他们在您的房间添加了取暖器，您觉得温度怎么样？"尽管客人只是说了声："谢谢，很好。"但他对这家酒店的信心已大大提高。

然而，在当今酒店行业，更大的一种可能性是：客人回到房间，包括温度在内的一切都是老样子，也没人向他解释什么。前台的员工不记得他昨天说了什么，即使记得也不会认为那是在投诉，因为他没有发脾气，也没要找经理，只不过随口说说，况且他还夸过房间和环境不错呢。

一般情况下，无论对哪种结果，客人都不会做出强烈的反应，但这些所闻所见会形成一种积累，最终影响他们下次是否仍选择这家酒店。他们还可能把这种感觉或经历告诉其朋友、亲属和同事。

（二）建设性投诉

建设性投诉的特点是，投诉人一般不是在心情不佳的情况下投诉的，恰恰相反，这种投诉很可能是随着对酒店的赞誉而发生的。

例如，赵先生是酒店的长住客人，这天早上他离开房间时，同往常一样，还是习惯要和清扫房间的服务员聊上几句。他说他夫人和孩子今天就要从国外来看他了。他夫人以前曾住过这家酒店，印象非常好，而且凡是她有朋友到此地，大多都被推荐到这里来度假。赵先生说，他夫人希望酒店的员工能叫出她的名字，而不仅仅是夫人或太太，因为她的先生是酒店的长住客人，这样她会觉得更有面子。

当然，投诉的性质不是一成不变的，不被理睬的建设性投诉会进一步发展成为控告性投诉，或是客人愤然离店，并至少在短期内不再回来。无论哪一种局面出现，对酒店来说都是一种损失。

（三）控告性投诉

控告性投诉的特点是，投诉人已被激怒，情绪激动，要求投诉对象做出某种承诺。

例如，客人通过旅行社预定了 8 间套房，但因为该房型满了，销售员联系客人可以帮他们把其中的 4 间房间升级为豪华单人间。但客人入住时发现升级的房间，其实价值比他们原来预定的房间低，客人非常不满。他要求酒店处理有关人员，并赔偿他的损失。

四、投诉的影响

任何事情都是一把双刃剑，有利有弊，投诉对酒店的影响也是同样的。

（一）反面影响

1. 投诉使酒店的声誉受损

酒店接待的客人形形色色，性格迥异。同样的服务不同的客人会有不同的反应，有时甚至会造成客人的投诉。面对客人的投诉，不论是酒店方面的原因还是客人自身的问题，这都表示酒店在被投诉的方面做得不够完善。投诉会在一定程度上损害酒店在客人心目中的形象，影响酒店的声誉。

2. 造成酒店的客源流失

酒店是个公众性行业，在客人心中，酒店的形象是选择入住的首要条件。一旦出现投诉，酒店在客人心目中的形象将不再完美，并且客人有可能把这不完美的情绪带给周边的人，从而导致酒店失去这部分因投诉而流失的客源。

3. 影响酒店的效益

酒店的目标就是取得一定的效益,这个效益包括经济效益和社会效益两个方面。

(1) 酒店的经济效益。酒店的经济效益是指酒店的投资回报,获取最大的投资回报是任何一家酒店都追求的目标。客人投诉酒店,就表示酒店在客人身上所做的投资回报将降低或是没有回报,这样就会影响酒店所追求的获取最大经济效益的目标。

(2) 酒店的社会效益。酒店的社会效益是指酒店在经营管理过程中给社会带来的影响和贡献、社会对酒店的认可程度、酒店在社会上的形象等。但当客人投诉酒店时,酒店的社会效益将得不到充分的发挥,甚至影响酒店在社会上所建立的形象,这些都是不利于酒店发展的。

(二) 正面影响

1. 投诉是基层管理工作质量和效果的晴雨表,是提高基层管理质量的推动力

客人投诉实际上是酒店基层管理质量的晴雨表,通过投诉,酒店可以及时发现自己平时发现不了的工作漏洞;通过投诉,可以鞭策酒店及时堵塞漏洞、对症下药,解决可能是长期以来一直存在着的严重影响酒店声誉的工作质量问题。即使是客人的有意挑剔、无理取闹,酒店也可以从中吸取教训,为提高经营管理质量积累经验,使制度不断完善,服务接待工作日臻完美。

2. 客人直接向酒店投诉,给酒店提供了挽回自身声誉的机会

客人在酒店消费过程中产生不满、抱怨、遗憾、生气、动怒时,可能投诉,也可能不愿去投诉。不愿投诉的客人可能是不习惯以投诉的方式表达自己的意见,他们宁愿忍受当前的境况。另一种可能是认为投诉方式并不能帮助他们解除、摆脱当前的不满状况,得到自己应该得到的,一句话,他们认为投诉没有用。还有一种可能是怕麻烦,他们认为投诉将浪费自己时间,使自己损失更大。这些客人尽管没有去投诉,但他们会通过其他途径来进行宣泄:或自我告诫,以后不再到该酒店消费;或向亲朋好友诉说令人不快的消费经历。而这一切,意味着酒店将永远失去这位客人,酒店就连向客人道歉的机会也没有了。向酒店投诉的人,不论原因与动机如何,都给酒店提供了及时做出补救、保全声誉、改善与客人关系的机会。通过客人的投诉,给酒店提供了一个使客人由不满意到满意的机会,加强了彼此的沟通,消除了对酒店的不良影响。

3. 处理好投诉,可以改善酒店与客人的关系

研究表明:"使一位客人满意,就可以招揽8位客人上门,如因产品质量不好惹恼了一位客人,则会导致25位客人从此不再登门。"因此,酒店要力求使每位客人都满意。客人有投诉,说明客人不满意。如果这位客人不投诉或投诉没有得到妥善的解决,客人将不

再入住该酒店。同时，也就意味着失去 25 位潜在客人。毫无疑问，这对酒店是个巨大的损失。通过客人的投诉，酒店了解到客人的不满意。妥善处理好客人的投诉，便可以消除客人对酒店的不良影响，减少了负面宣传。

目前随着自媒体的广泛应用，口碑效应已经以几何级数传播，酒店十分重视客人在网络媒体或社交平台上对酒店入住体验的评价。因此，酒店应用优质高效服务来赢得客人的好评。

4. 处理好投诉有助于酒店发现问题，积累经验

客人的投诉，可以帮助酒店管理者发现酒店服务与管理中存在的问题与不足。酒店的问题是客观存在的，但管理者不一定能发现，原因之一是"不识庐山真面目，只缘身在此山中"。因此，管理者很难发现问题。而客人则不同，他们是酒店产品的直接消费者，对酒店服务中存在的问题有切身体会和感受。因此，客人可以帮助酒店发现不足，积累处理投诉的经验。

5. 处理好投诉有利于酒店改善服务质量，提高管理水平

酒店可以通过客人的投诉不断地发现问题、解决问题，进而改善服务质量，提高管理水平。因此，可以这样认为，处理好客人的投诉是一项需要酒店花钱的投资，它能直接提高客人的满意度和酒店的美誉度。

五、如何更好地处理投诉

如何处理好投诉，是酒店发展至今一直在寻求的答案。客人的投诉内容变化多样、层出不穷。在众多的解决方案中没有一种是为某类投诉而特定的，处理投诉只有靠经验和临场发挥。所以，处理投诉要讲求灵活的处理方式，因人因时而定。具体的方法如下。

处理投诉

（一）以正确的态度受理投诉

客人之所以前来投诉，一般是客人在接受服务的过程中受到了不公正的待遇。客人前来投诉，是给酒店建议，如果忽视，就是忽视了维护客人的权利，也忽视了酒店提高管理水平的机会，无论怎样我们都要对前来投诉的客人持欢迎态度。

（二）不打断客人的投诉，认真倾听，适当地对客人表示理解与同情

应让客人把话说完，切勿胡乱解释或随便打断客人的讲述。酒店员工处理客人投诉时，不要理解为对个人的指责，急于去争辩和反驳。处理的人员都要保持镇定、冷静，认真倾听客人的意见，要表现出对客人的高度重视与礼貌。处理客人投诉时，要用真诚、友好、谦和的态度，全神贯注地聆听，保持冷静，虚心接受，不要打断客人，更不能反驳和

辩解。在适当的时候对客人表示理解和同情，在潜意识里降低客人心中的怒火。

（三）边听边做好记录

认真听取客人投诉的同时要认真做好记录。一方面表示酒店对他们投诉的重视，另一方面也是酒店处理问题的原始依据。记录包括客人投诉的内容、时间、客人的姓名等。尤其是客人投诉的要点和细节，要记录清楚，并适时复述，以缓和客人的情绪。这不仅是快速处理投诉的依据，也是为以后服务工作的改进做铺垫。

（四）投其所好，抓住客人投诉的心态

要处理好客人的投诉，就要掌握客人投诉的三种心态，即求发泄、求尊重、求补偿。一是求发泄，客人在酒店遇到令人气愤的事，不吐不快，于是前来投诉。二是求尊重，无论是软件服务，还是硬件设施，出现问题，在某种意义上都是对客人不尊重的表现，客人前来投诉就是为了挽回面子，求得尊重（有时，即使酒店方面没有过错，客人为了显示自己的身份或与众不同或在同事面前表现自己，也会投诉）。三是求补偿，有些客人无论酒店有无过错，或是问题是大是小，都有可能前来投诉。其真正目的并不在于事实的本身，也不在于求发泄或是求尊重，而是在于求补偿，尽管他们一再强调的是"并不是钱的问题"。因此，在处理客人投诉时，要正确地理解客人的意思，尊重客人，给客人发泄的机会，不要与客人进行无谓的争辩。如果客人投诉的真正目的是在于求补偿，处理者则要看自己有无权利给予其补偿。如果没有这样的授权，就要请上一级管理人员出面处理客人的投诉。

（五）要有足够的耐心

客人讲话时或大声吵嚷时，酒店员工要表现出足够的耐心，绝不能随客人的情绪波动而波动，不得失态。即使是遇到一些故意刁难、挑剔、无理取闹的客人，也不应与之大声辩驳。

（六）尝试角色调换，从不同角度考虑问题

客人在采取了投诉行动后，都希望别人认为他的投诉是正确的，他们是值得同情的。同时，客人前来投诉时，都会对酒店的工作人员有一种戒备心理，因为他们往往认为，酒店的人仅仅是酒店利益的代表。针对客人的这种心理，酒店工作人员要把投诉的客人看作一种需要帮助的人，这样才能造成解决问题的气氛。角色调换方法，即酒店工作人员以自己的一系列实际行动和话语，使客人感到酒店的有关部门和人员是尊重和同情客人的，是站在客人的立场上真心实意地帮助客人的，从而把不满的情绪转换为感谢的心情。

（七）树立"客人总是对的"的信念

作为一名服务工作者，我们要知道顾客是上帝。我们要树立"客人总是对的"的信念。一般来说，客人来投诉，说明我们的服务和管理有问题。因此，首先要替客人着想，一切以客人的方向作为思考点。换位想一想：如果你是这位客人，在酒店遇到这种情况，你是什么感受？更何况，酒店业，乃至整个服务业都在提倡"即使客人错了，也要把'对'让给客人"。只有这样，才能减少客人的对抗情绪。这是处理好投诉的关键。

（八）兼顾顾客和酒店双方的利益，迅速处理投诉

迅速处理投诉，及时采取补救或是补偿措施，并征得客人同意。客人的投诉最终是为了解决问题，因此对于客人的投诉不要推卸责任，应区别不同情况，积极地想办法解决，并征得客人的意见后做出处理。为了避免处理投诉使自己陷入被动局面，不要随意做出决定或是否定，一定要给自己留后路，也不要对客人做出任何自己权力以外的承诺，以免落下把柄。

对投诉最有效的处理方法最终还是要因人而异，不管如何去处理解决，我们要做到的就是争取使每位投诉者都满意。

总之，就现代世界酒店业的发展状况来分析，酒店出现投诉属于正常现象。基于酒店本身就是一个经营复杂的行业，而且在酒店消费的客人所要求的也存在着巨大的差异，投诉是不能避免的。投诉的出现对于酒店的发展来说是具有推动作用的，它可以帮助酒店取得更好的经营效果。但就另一方面来看，出现投诉就代表着酒店还存在着问题，酒店的管理还不够完善，这对酒店的发展有益而无害。作为一位酒店工作者或是学习酒店管理的人来说，我们都要正确地认识投诉，找出投诉产生的原因，要根据我们所发现的问题去完善酒店的管理模式，这样才能使酒店业在这个竞争激烈的时代立足。

任务实施

处理客人投诉

任务准备	1. 酒店前台　2. 客人　3. 服务员	
步骤	处理规范	要求
1　识别困扰	通过非语言等线索找出客人的困扰所在	听懂客人的话外音
2　积极聆听	让客人发泄，不打断客人，边听边记录	不要插话，认真听
3　感同身受	换位思考，认同客人的感受，真诚地帮助他们	站在客人的角度考虑问题
4　真诚道歉	为发生的错误事情真诚道歉	道歉要对事不对人
5　圆满解决	积极主动处理，提出解决方案并及时跟进	真正解决问题是关键

任务评价

处理客人投诉评分表

步骤		处理要求	分值	得分
1	识别困扰	能够通过非语言等线索识别客人真正的困扰	1	
2	积极聆听	能够认真倾听,最好边听边记录	1	
3	感同身受	能够站在客人的角度,感受客人的情绪	3	
4	真诚道歉	真诚地为所发生的错误向客人道歉	2	
5	圆满解决	积极提出解决问题的方案,并进行跟踪	3	
		总分	10	

任务巩固及拓展

1. **任务巩固**:参照以下流程图,三人一组,选取客房部的典型投诉案例进行表演、分析和总结。

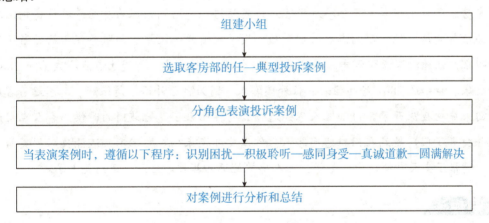

2. **任务拓展**:扫描二维码链接任务拓展。

项目二 员工督导管理

学习本项目，能够熟悉员工培训及客房安全管理内容。

任务一 员工培训

员工培训

任务引入

客房服务员王姐今天下午参加了客房部英语培训，培训内容为房间设施设备词汇及客房服务情景对话。她学习的态度特别积极，因为之前的一次尴尬的服务经历给她留下了深刻的印象，让她深深意识到学习英语的重要性。那天她上中班，晚上5点半左右去2801房间开夜床。她知道2801房间住着一位外国客人，因为自己外语不是很好，本想趁着客人还没有回来先把夜床开了。谁知客人不知道什么时候回来了，她敲门的时候，客人在里面有回应并打开了门，她站在门口想问客人"你需要开夜床吗？"但不知道开夜床用英语如何表达，嘴张了半天却没说出一句话。客人感觉她莫名其妙，生气地把门关上了。

学习目标

知识目标：1. 了解员工培训的目的。

2. 熟悉员工培训的内容。

3. 掌握客房部员工培训内容。

能力目标：1. 能够制订客房部员工培训计划。

2. 能够开展某一项客房部员工培训。

素养目标：1. 强化规范意识。

2. 强化学习意识。

3. 强化服务意识。

4. 强化安全意识。

基本知识

一、员工培训的目的与内容

员工培训的目的是引导员工端正工作态度，帮助员工学会能够胜任工作的知识和技能，培养能够与企业共同发展的优秀员工。根据员工培训的时间，员工培训可以分为入职培训和在岗培训；根据培训的内容可以分为企业文化培训、业务培训、管理培训和外语培训等。无论是哪种培训，均可从 ASK 三方面进行，即态度（Attitude）、技能（Skill）和知识（Knowledge）。

（一）态度（Attitude）培训

态度在客房服务领域是指一个人的品德、职业精神，做事态度，对工作的负责程度，敬业精神。员工的态度是最重要的，是员工能够做好工作最基本、最关键的要素。

客房部的服务工作与其他部门有所不同，劳动强度大，与客人面对面打交道的机会少，这就要求客房部员工要脚踏实地、吃苦耐劳，以高度的责任感从事大量的琐碎工作。同时，要具有较高的自觉性，遵守客房服务工作的纪律，尊重客人的隐私，不能随意翻阅客人的信件、文件等材料；不可随意乱翻客人的抽屉、衣橱等。

员工态度培训的方法通常有小游戏、小活动、小案例，通过情景模拟的方式让员工有更直接的体验和感受，意识到态度的重要性，感悟服务的真谛，引导员工端正工作态度，踏踏实实完成本职工作。

（二）技能（Skill）培训

客房服务工作的任务相对繁杂，体力消耗较大，客人要求的服务内容较多，标准较高。因此，要求客房部员工具有充沛的精力和较强的动手能力，能够为客人提供干净整洁的"家外之家"，能够满足客人的需求；同时也要具有敏锐的观察力和较强的应变能力，能够通过对客人房间的观察，能够服务于客人开口之前，为客人提供满意加惊喜的服务，使客人感觉物超所值。

客房技能培训（图 3-1）通常采用 OJT（On the Job Training）的方式，通过一对一的师傅带徒弟的方式提升员工的技能。其特点是在具体工作中，比如中式铺床，一方示范讲解，一方实践学习，有不明白之处可以当场询问、补充、纠正，还可以在互动中发现以往操作中的不足、不合理之处，共同改善。这种培训的效率较高，效果较好。

(三)知识(Knowledge)培训

客房部员工应具备岗位的基础知识,加强知识的学习,积极为岗位的发展储备知识。

客房部员工的知识培训(图3-2)包括了解企业文化,熟悉岗位职责、相关的制度和规定;同时也要储备丰富的文化知识,比如历史、地理知识,语言知识,心理学知识等,加强与客人的沟通,更好地服务于客人。

酒店要求客房部员工能达到"三知"和"三会":"三知"即知原理、知性能、知用途;"三会"即会使用、会简单维修、会日常保养。

图3-1 技能培训　　　　　　　　图3-2 知识培训

ASK既是培训工作的指导,也是培训工作的内容。通过态度培训、技能培训和知识培训,员工能够安心工作,能够具备客房服务工作的知识和技能,能够胜任客房部的工作。

二、客房部员工培训

员工入职时,酒店会统一安排新员工入职培训,介绍酒店概况、酒店的企业文化、酒店的规章制度、消防安全知识、食品安全知识等。新员工在统一的入职培训结束后,就会被分配到各个部门。各部门会利用工作之余安排部门培训。客房部员工培训的主要内容(表3-1)如下。

(一)客房产品概述

客房产品概述包括客房种类及其特点(客房的各种类型与功能;设施设备的配备;客房用品的品种、数量与布置)、客房部的组织机构及其任务(客房部的组织结构与岗位设置;客房部的基本任务)、客房服务员岗位职责和素质要求(客房服务员岗位职责;客房服务员素质要求)等。

(二)客房清洁服务

客房清洁服务包括客房清洁(清洁工作的一般原则;客房清洁的操作程序与质量要求;

清洁用品的使用与保养知识）、计划清洁（计划清洁的概念；计划清洁的项目与操作要求）、清洁用具（清洁剂的种类与功能；清洁工具的使用与保管）等。

（三）客房接待服务

客房接待服务包括服务准备（了解客情；布置客房；检查工作）、楼层迎宾服务（新客人；常住客人）、住客服务（会客服务；洗衣服务；饮料服务；开夜床服务；物品租用；其他服务）、宾客离店服务（送客服务；查房工作）等。

（四）客房服务礼节

客房服务礼节包括仪表、仪容、仪态，服务语言（称呼；问候；应对）等。

（五）客房安全知识

客房安全知识包括酒店安全概述（酒店安全内容、重点及原则；相关法规）、酒店安全管理（对住宿客人的要求；住宿登记；钥匙管理；客人财物保管；对公安机关通缉、通报的处理；对客人遗留物品的处理）、消防知识（消防要求；防火、灭火的主要措施；火灾报警系统）、职业安全（操作安全；身心安全）等。

（六）旅游相关知识

旅游相关知识包括食、住、行、游、购、娱等旅游要素知识。

（七）客房英语知识

客房英语知识包括客房通用英语 100 句、客房情景英语对话等。

表 3-1 客房部员工培训内容

序号	培训内容	课时
1	客房产品概述	6
2	客房清洁服务	10
3	客房接待服务	16
4	客房服务礼节	6
5	客房安全知识	6
6	旅游相关知识	16
7	客房英语知识	40
	总课时	100

【案例拓展】

你听说过这样一家酒店吗?一家不断创造奇迹的酒店;一家让顾客感动流泪的酒店;一家服务排名第一的酒店;一家工资水平全省排名中等偏上、员工流失率超低的酒店;一家打造家和文化,将顾客满意度与员工满意度同定为首要大事的酒店;一家网上顾客推荐入住率达99%,每天接待的顾客中回头客占86%的酒店;一家开业16年的老四星酒店,只有250间客房,却连续8年营收过亿的酒店。它就是广州碧水湾温泉度假村。

碧水湾将亲情化服务做到极致,碧水湾人认为"体验式亲情服务是回报率最高的投资",是酒店永续经营、利润倍增的制胜法宝。它作为中国酒店行业的典范,以其成功的服务实践,对"中国服务"做出了最完美的诠释!

在此想分享的是它的培训方法。

1. 完善的培训机制

蔡云旗在碧水湾干了10年,现今为房务部总监,之前做了6年的培训工作。说起碧水湾的培训机制,蔡云旗最有话语权。

"碧水湾的员工培训体系,分为五个等级:第一级是度假村的入职培训,主要是公共知识培训;第二级是部门培训,主要是业务知识和岗位知识培训;第三级是师徒培训,要签订师徒协议,跟师傅的业绩考核挂钩;第四级是每个月部门要安排一个培训计划,根据部门的培训重点进行培训;第五级是酒店的专项培训。"蔡云旗说得有条有理,"培训形式主要分为三种:案例培训、演练培训和操作培训。此外,还有英语培训,每年还会外派学习。"

据蔡云旗透露,度假村经常组织经理级以上人员去参观管理和服务最好的酒店,通过实际入住体验、参观交流,开阔管理人员思路,"哪里服务好,就去哪里学习,再贵都舍得出钱"。参观体验之后,度假村都要进行专题认真讨论,结合自身的具体情况,围绕管理做深、建设做精、服务做细、品牌做强等各个方面,进行探讨、改进和创新。

在蔡云旗看来,碧水湾的成功关键在于三方面:第一是人。碧水湾有一帮勤恳的基层老员工。第二是完善的培训机制。每个月的碧水湾大学堂,每个星期的部门会议,都侧重于对服务意识的灌输和案例培训。第三是坚持。很多企业是口号响、步子大、落地差,但是碧水湾从上而下一直能坚持。

2. 员工每年起码培训40次

28岁的刘琼是碧水湾专职培训师,2007年入职至今,她自己也记不清登了多少次台,做了多少个PPT,迎来送往了多少员工和实习生。但是,她很喜欢这份工作,一直充满激情,乐于跟同事沟通。培训对她来讲是一种享受。

这一路走来，刘琼说，自己内心非常认可碧水湾的企业文化。作为培训师，将这种文化传递给员工就是她神圣的职责。

刘琼每年培训的工作量非常大，给实习生培训、给员工培训、案例培训，度假村90%以上的培训工作都是由自己的员工来做，偶尔也会请外边的专家进行授课，不过主要偏重于插花、化妆之类的专业课程。据统计，碧水湾每位员工每年参加的培训不少于40次。

所有培训的课件都亲自做，这使得刘琼制作课件水平大大提升。现在回头看看，刘琼会觉得以前做的课件很幼稚、很肤浅。不仅是课件，培训教材也由刘琼编写，所以平时她拼命地看书，疯狂地在网络上找视频素材，半夜起来看材料也是常有的事。

3. "用心做事"大学堂

刘琼入职后的第二年，对碧水湾构建企业文化来说，是非常重要的一年。这一年，碧水湾《文化手册》二次改版，开始推行"用心做事"，碧水湾大学堂也在这一年开课。现在，"用心做事"大学堂每月举办一次，连流程都固定下来了。

第一部分是"用心做事"中各个部门的分值，9个部门的服务排行榜。第二部分是员工满意度，一线、二线员工的满意度。第三部分是精选案例学习，通过好的事例来突出主题学习，这些案例多来自度假村内，也有一些是其他企业的优秀服务案例。第四部分是顾客赞誉，顾客的表扬信和点评，公布各部门受到表扬的情况，选一部分宣读。第五部分是负面案例。谁都不想上负面案例，但是每个月总会有3个"倒霉蛋"。第六部分是颁奖环节，度假村领导给获得用心做事荣誉的员工颁奖。

度假村级别的"用心做事"案例，需要层层选报，由各个部门先报，然后每个部门抽一个人在周二或者周三先评，最后再进行筛选确定。刚开始推行"用心做事"的时候，正面案例不多。"看到客人带笔记本电脑没有鼠标垫，给客人配上鼠标垫"这样的事情也能上度假村案例。现在不一样了，这是应该做的，不这样做反而要受到处罚。

4. 培训内容因人而异

培训并不是简单的重复，也要讲究技巧和规划，讲究"天时地利人和"。

每年10月到次年3月，是传统的温泉旺季，这个时候客人很多，员工很累，很辛苦。自然，员工会遇到一些服务方面的困惑。因此，在这期间，刘琼会侧重于对服务技巧和心态的培训，反复讲优质服务的内容，怎样让客人惊喜和感动，同时增加一些心态方面的课程，关心关爱员工，激励他们，给他们一些正能量。

而在温泉淡季，则强化技能培训，为旺季服务做准备。各个部门开展铺床、点钞、礼仪、叠毛巾、送水、厨艺创意比赛等，让员工平时练的基本功有用武之地，还有员工运动会，增强度假村的凝聚力。在六七月份，也就是新员工入职较多的时候，则加强企业文化的宣传与培训。

度假村规定，入职培训，正式员工培训两天，实习生培训六天。每一次参加培训的人员包括中专生、大专生、本科生。刘琼感到培训中专生特别吃力，因为中专生特别顽皮，不听话。副总经理曾莉对刘琼说："没有培训不好的学生，只有培训不好的老师。"这句话点拨了刘琼，后来她针对不同的员工采取不同方法去引导他们学习。中专生注重实操，多跟他们交流、关心他们，做思想工作；本科生做服务心会傲一些，这时候就会给他们做好职业规划。针对学旅游管理的学生，培训就不会再讲旅游管理方面的内容；有些学计算机，从来没接触过服务的学生，培训则更多强调什么是服务，什么是客人，怎么去服务。就这样，刘琼一步步摸索着差别化的方法进行培训。

温泉康乐部副经理裴爽在心态培训方面有一套。平时，她喜欢看《菜根谭》《读者》《淡定的人生不寂寞》等书刊，看完总爱与同事一同分享。在上培训课时，她会找一些乔布斯、断臂画家、平民英雄等视频激励大家。

碧水湾成功的秘诀是"胜在用心，赢在细节，重在检查，贵在坚持"。而对于未来10年的目标，姜忠平也非常坚定地说："打造中国温泉知名品牌。"

任务实施

制订客房部员工培训计划

任务准备	1. 培训部员工　2. 待培训员工	
步骤	培训规范	要求
1	培训对象确定	根据酒店运营情况、客人差评等信息确定需要参加培训的对象	客人网评信息收集
2	培训需求调研	对待培训员工群体进行问卷调查或实地访谈，了解导致差评的原因，明确培训需求	设计问卷；确定访谈提纲
3	培训内容确定	根据调研结果确定培训的内容，比如因人手不足，新手直接上手不够熟练，需加强客房基本技能培训等	分析问卷及访谈结果；明确需要培训的内容
4	培训形式确定	培训形式可以灵活多样，师傅带徒弟时可以兼顾培训；也可针对铺床、房间清扫及卫生间清扫、开夜床等专项技能进行现场培训；对于服务理念及服务技巧等可采用角色扮演的方式让员工体验角色意识	培训形式可灵活多样；针对不同的内容及参加对象采取不同的培训形式做到因材施教
5	培训计划制订	最终制订一份培训计划（包含培训对象、培训目的、培训内容、培训方式、培训时间及地点等），具有可操作性和可评价性	培训计划要细化、可操作

开展某项客房部员工培训（以客房服务礼仪培训为例）

任务准备	1.培训教室　2.多媒体设备　3.小奖品等	
步骤	培训规范	要求
1　培训准备	培训前，做好相关的准备工作，比如培训教室的布置、多媒体设备的调试、培训通知的发放、培训内容的宣传、培训所需的道具准备等	要逐项确认准备情况
2　培训签到	在培训教室门口设置签到台，准备好签到簿和签字笔	便于培训追踪，有据可查
3　培训实施	1. 热身活动； 2. 仪容仪态（化妆、肢体语言、举手投足等）； 3. 服务语言（语音、语调、语气、称呼等）； 4. 服务礼仪（双手递物、引领、指示手势等）	注重互动； 现场体验化妆效果； 角色扮演感受语言魅力； 角色扮演成为"有礼之人"
4　跟踪反馈	参与培训的员工对培训给予反馈，同时跟踪其回到岗位后在服务礼仪方面是否有变化，不断强化训练，巩固培训效果	及时反馈； 跟踪强化

任务评价

制订客房部员工培训计划评分表

步骤	培训要求	分值	得分
1　培训对象确定	能够准确分析客人对客房的差评因素，确定需要参加培训的对象	1	
2　培训需求调研	能够对待培训员工进行调研	1	
3　培训内容确定	能够总结调研情况，确定需培训的内容	3	
4　培训形式确定	能够针对不同的培训对象，确定灵活的培训形式	2	
5　培训计划制订	能够完成培训计划的制订，可操作，可评价	3	
总分		10	

开展某项客房部员工培训评分表（以客房服务礼仪培训为例）

步骤		培训要求	分值	得分
1	培训准备	能够做好培训前的通知宣传、培训教室的布置、培训设备的调试及培训相关道具的准备工作	2	
2	培训签到	能够组织参加培训的员工签到	2	
3	培训实施	能够按照培训计划完成客房服务礼仪培训，注重互动，注重体验，注重感悟	4	
4	跟踪反馈	能够让参与培训的员工及时反馈，并对其进行跟踪，巩固训练成果	2	
		总分	10	

任务巩固及拓展

1. 任务巩固：参照以下流程图，三人一组，选取客房部的某项知识/技能开展一次培训。

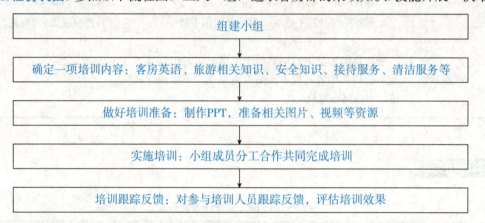

2. 任务拓展：扫描二维码链接任务拓展。

任务二　客房安全管理

任务引入

客房服务员王姐正在打扫2806房间，突然有位男士从外面进来说自己忘拿东西了，就要冲进房间。因为2806房间的客人是昨晚入住的,王姐并没有见过,所以她客气地请这位先生出示一下房卡以确认身份,客人很生气,说他赶时间,拿了东西就得赶回去开会,没时间理睬王姐的要求。王姐感觉很为难:一方面客人的态度坚决,拒绝出示房卡,无法确认其身份;另一方面她担心如果这位先生不是2806的客人,那就存在一定的安全隐患。正在她犹豫之时,客人已经进入了房间,王姐赶紧打电话向主管求助……

学习目标

知识目标:1. 保证客房安全的措施。
2. 提升员工的安全意识及常识。
3. 了解客房安全事故发生的原因。

能力目标:1. 能够很好地保护客人的隐私安全。
2. 能够很好地保证自身职业安全。
3. 能够熟悉火灾事故的处理程序。
4. 能够熟悉盗窃事故的处理程序。
5. 能够熟悉客人意外受伤的处理程序。

素养目标:1. 强化安全意识。
2. 强化应变能力。
3. 强化自我防范意识。
4. 强化保密意识。
5. 强化诚信意识。

客房部安全管理

基本知识

一、保证客房、客人、员工安全

客房服务员在提供对客服务时,必须注意安全,严格遵守酒店规定的安全守则,杜绝事故发生。在工作过程中粗心大意,违反操作规程,会造成不可弥补的损失,因此保证客房安全必须从客房服务员抓起。

(一)保证客房安全

为确保住店客人的生命与财产安全,在酒店的客房内和公共区域均配备了各类安全设施,主要包括以下三种。

1. 安全监控系统

安全监控系统（图3-3）一般设置在酒店大堂、楼层过道、客用电梯、消防楼梯通道、公共区域、停车场等。一旦出现紧急意外事件，便于取证。

图3-3　安全监控系统

2. 消防监控系统

现代酒店大多为高层建筑，一旦发生火灾，后果不堪设想，酒店必须做好防范工作，安装消防监控系统（图3-4），包括火灾报警系统、自动灭火系统、人工灭火系统、防火设施系统、应急灯系统等。

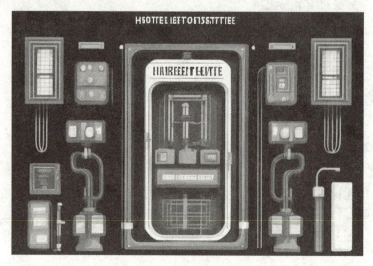

图3-4　消防监控系统

3. 客房安保设施

酒店客房设计之初就应把安全放在首位，装修材料及家具应选择环保安全的材质，空间布局设计也要为客人着想，方便、安全。同时，还要配备以下安全设施。

（1）门锁（图3-5）。门锁是保障住客安全最基本、最重要的设施，现在酒店一般都使用电子锁，相对比较安全。

（2）窥镜、防盗链（图3-6）。窥镜和防盗链安装在房门上端，为广角镜头，便于客人观察房间的外部情况。

图3-5　门锁

图3-6　窥镜、防盗链

（3）保险箱（图3-7）。酒店为保障住客的财产安全，在每个客房都配备小型保险箱，便于客人存放贵重物品，密码可由客人自行设定。

（4）液晶消防指示牌（图3-8）。消防指示牌是用于标明消防设施特征的标志，用于说明酒店配备各种消防设备、设施，标志安装的位置。实践表明，在疏散通道的地面或墙面、客房门后设置液晶消防指示牌，对安全疏散起到很好的指示作用。

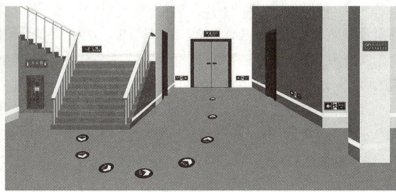

图3-7　保险箱　　　　　　　　　　图3-8　液晶消防指示牌

（二）保证客人安全

1.保障客人生命财产不受损害

为客人提供一个安全、温馨的住店环境，满足客人的安全需求，是酒店安全管理工作的首要任务。

2. 保护客人的隐私不受侵犯

客人入住酒店后，酒店应保护好客人的隐私，包括姓名、性别、职业、房号等信息；同时，客人住店期间，客房服务员应尽量不要打扰客人，清扫房间时不要随意移动客人的物品，不要窥探客人的隐私，要为客人提供安全可靠的服务。

3. 防止客人受到外来的侵扰

酒店应加强安全制度的建设，规范对来访客人的管理，不得向访客提供任何有关住客的私人信息；加强楼道的安全管理，防止店外闲散人员进入客房区域，消除安全隐患；加强总机管理，根据客人需求阻止外来电话进入客房。

4. 提高客人的自我防范意识

在酒店发生的安全事故中有许多都与客人安全意识薄弱有关，比如将贵重物品乱丢乱放，令犯罪分子有机可乘；还有不少酒店安全事故的肇事者就是客人自己，比如因卧床吸烟而引起火灾。因此，在维护客人的安全方面，客人也有自己的责任。酒店应明示客人的安全防范义务，告知客人在发生意外时如何寻求保护和安全逃生。

（三）保证员工安全

客房部员工体力劳动强度大，可能会在工作中遇到一定的危险，一定要加强对员工的培训，提高其安全意识，保证安全操作，防患于未然。同时还要有一系列的应急处理措施，并要求每个员工都掌握。

（1）打扫房间时，如果有急事要离开客人的房间，一定要锁好房门；遇到客人要求服务员帮忙开门时，服务员应首先确认客人的身份，避免被不法分子利用实施盗窃行为。

（2）使用开关或者电器时，应擦干双手，避免触电；举笨重物品时，切勿用腰力，须用脚力，应先蹲下，平直上身，然后举起。

（3）清理房间的高处时，不要站在浴缸或洗手台的边沿或者家具上，要使用工作梯。

（4）使用工作车时，要用双手推车，以防闪腰；使用工作车运送物品时不要挡住视线，遇到转弯时要特别小心。

（5）所有玻璃窗和镜子，如发现破裂，须马上报告，立即更换，未及时更换的，须用强力胶纸粘住，以防有划伤人的危险；不可赤手伸进垃圾桶，须戴手套，并小心操作，以防被玻璃碎片、刀片等刺伤；不要使用已损坏的清洁工具，也不要擅自修理，以免发生危险。

（6）使用清洁剂时，要戴好口罩和手套，不小心沾到手或身体时，要用清水冲净，以免伤害皮肤。

（7）如果在操作过程中受伤，应立即上药、就医，以免感染。

（8）在操作所有大型清洁设备时，一定要严格按照说明来操作，以免发生意外；走廊或公共场所放置的工作车、吸尘器、洗地毯机等应尽量放置在过道一侧，注意是否有电线绊脚。

（9）走廊、楼梯或工作间照明不良，应马上报告，尽快修理，以免发生事故。

（10）家具表面上或地面上如有尖钉，须马上拔去；发现松动的桌椅，须尽快修理；工程部员工维修住客房的设施设备时，客房服务员要在场。

（11）客房服务员绝大多数都是女性，在工作中还要有自我防护意识，对客人既要彬彬有礼、热情主动，又要保持一定的距离。

1）客人召唤入房时，要将房门大开，对客人关门要保持警惕；客人邀请时不要坐下，更不要坐在床上；尽量找借口拒绝客人外出邀请；不要轻信和陶醉在客人的花言巧语中而失去警戒。

2）下班后不得到客人房间串门，客人要求与你合影时要尽量拒绝，实在盛情难却时也要拉上几个同事一起照相；遇到被客人骚扰要高声呼喊，尽力反抗，摆脱不了客人的纠缠时可按报警铃求救。

3）当客人与你纠缠时，作为服务员不应以任何不耐烦、不礼貌的言行冲撞客人，要想办法摆脱。当班的同事应主动配合，让被纠缠的同事干别的工作，避开客人的纠缠。当一个人在服务时，如不能离开现场的话，应运用语言艺术婉言摆脱客人的纠缠。如："实在对不起，如果没有什么事的话，我还要干别的工作，请原谅。"然后借故找一些工作干，如吸尘、扔垃圾等，暂时离开。

二、处理客房安全事故

客房一直是酒店安全事故的高发地，酒店是对外开放的，各类人员随意出入，因此抓好酒店的安全工作成了一项常规的工作。

（一）常见客房安全事故发生的原因

客房事故发生的原因包括人为原因和非人为原因。

1. 人为原因

人为原因主要是指员工各种不安全行为，比如管理上的疏忽、制度的不健全、员工不严格按照规范要求做事、误用或错用各种危险器具、危险物品的错误使用等一系列不安全的行为。

2. 非人为原因

非人为原因主要是指不安全的环境及措施所引起不安全的各种因素，包括电器设备问题、维修不当等。

（二）客房安全事故的处理

1. 火灾事故的处理

大火猛于虎，客房部的火灾隐患较多，一旦发生火灾，后果不堪设想，因此首先要加强对火灾的预防工作。客房内配备的地毯、家具、床品、窗帘、房门等均应选择具有阻燃性能的材料；提醒客人不得在房间内使用电炉等违禁电器；定期检查电器使用是否安全；设置不吸烟楼层，提醒客人不要在房间内吸烟；平时加强员工的消防演练。一旦客房发生火灾，客房部员工应沉着冷静应对，尽力确保客人和酒店的人身财产安全。

（1）客房区域发生火灾。

①一旦发现起火，立即使用最近的报警装置，如立即打破手动报警器玻璃，发出警报。

②拨打酒店规定的报警号码，通知总机，向保安部和饭店高层主管报告具体着火地点和燃烧的物质。

③迅速利用附近适合火情的消防器材，如灭火器、水枪、灭火毯等控制火势或将其火源扑灭。

④注意保护客人人身和财产的安全。

⑤如发现客房门下有烟冒出，且房内无人时，应先用手触摸此门，如果很热，千万不能打开。

⑥如果火势已不能控制，则要立即离开火场。离开时应关闭沿路的门和窗，然后待在安全距离之外，等候消防人员到场，并为他们提供必要的信息。

（2）火警信号。

①客房员工听到火警信号，应立即查实是否在本区域。

②无特殊任务的客房员工照常工作，保持镇静和警惕，随时待命。

③除指定人员外，任何工作人员在任何情况下都不得与总机联系，保持全部电话畅通无阻，仅供发布紧急指示用。

④客房部主管应留在办公室待命，只有在客房区域发生火灾时才赶到现场。

（3）疏散信号。

①疏散信号表明酒店某处发生火灾，要求客人和全体酒店人员立即撤离房间，赶到集合地点列队点名，该信号只能由火场的消防部门指挥员发出。

②迅速打开安全门、安全梯，并组织人员有秩序地疏散客人。

③客房工作人员应敲击和打开房门，帮助客人通过紧急出口离开房间，要特别注意伤残客人，客人离开房间后要立即关好门。

④各层楼梯口、路口都要有人指挥把守，以便为客人引路和避免大量客人涌向一个出口，造成挤死挤伤事故。

⑤火灾发生后，要注意检查每个房间内是否有客人。

⑥客房部主管应根据记录在集合地点点名，保证每个客人和员工都在场。

事故发生后，酒店应成立事故处理小组，协调和处理各种后续问题，比如保险公司的赔偿，伤亡人员的医治、赔偿和善后工作等。

2. 盗窃事故的处理

客房里有价值不菲的设备，有客人的财产，如果失窃，不仅对酒店的客人造成损失，还会影响酒店声誉，带来经济损失。因此，要加强对盗窃事故的预防。要严格员工进房登记制度；规范钥匙使用制度；客房服务员工作时应将工作车挡在门口，注意察看走廊上有无可疑人员，倾听外面的动静；平时加强培训提高防范意识。

一旦客房发生盗窃事故，要遵循酒店的相关规定正确处理。

（1）一旦客人投诉在房间内有财物损失，应立即与值班经理、保安部取得联系，并向客房部领导汇报。

（2）及时封锁现场，保留房间的状态，不得让任何人进入客房。

（3）向客人了解失窃物品的详细情况及其价值，帮助客人回忆最后见到此物的时间和地点，请客人帮忙再次寻找。

（4）向保安部调取监控录像，观察出入此客房的人员，便于进一步调查。

（5）对失窃前曾逗留或到过此房间的人员进行一一询问，仍无法找到失窃物时，征求客人意见，询问是否需要报警。

（6）如果客人坚持报警，则请保安部代为报警，待警方到达现场后，协助客人及警方做详细的调查。

（7）将事情发生的原因、经过、结果记录在日志本上。

（8）对于此类事故，除相关人员外，一律不得公开宣传。

3. 意外受伤的处理

为避免客人在房间内意外受伤，服务员在平时的工作中要细心观察，严格遵守工作流程，对于房间的设备用品及时检查和维护，杜绝安全隐患。

一旦发现客人在房间内意外受伤，应立即向上级主管和医务室汇报，同时采取正确的救护行动。

（1）发现客人受伤后，首先观察伤情。如果客人意识清醒，可征求客人意见将客人扶起来，安慰客人，稳定其情绪，询问客人哪里不舒服，是否需要就医。

（2）如果客人伤势较重，不要擅自处理，应及时通知医护人员，等待过程中可做一些力所能及的应急处置，比如客人流血了，可以帮忙按住出血口或者用止血带止血。

（3）若发现客人后背受伤，尽量不要翻动客人，立即请医生或者送医院。

酒店平时可以安排员工参加紧急救护培训，掌握基本的救护知识和技能，在遇到客人受伤时可以更好地实施救助。

4. 客人死亡的处理

有时候，在酒店客房可能会遇到客人死亡的事故，客房服务员要克服惊慌情绪，沉着应对。客人死亡可分为正常死亡和非正常死亡，由公安机关尸检后定论。

（1）正常死亡事故的处理。如公安机关确定为正常死亡，酒店应根据死者留下的证件、电话号码等与其亲属取得联系，根据法律规定进行处理；若死者为国外人员，应与大使馆或领事馆取得联系，并尽可能根据该国的风俗进行处理。

（2）非正常死亡事故的处理。首先应立即报警；保护好现场，不允许任何人进入；待相关人员到场后进行处理，酒店做好相应的配合工作。

各类安全事故发生后，一定要做好善后处置。教育员工做好保密工作，禁止事件情况外传；全力配合公安机关、医疗机构、酒店法律顾问等做好相关工作；总结经验教训，加强防范措施，教育员工，杜绝再次发生类似事件。

任务实施

火灾消防演练

任务准备	1. 消防设备　2. 电话	
步骤	演练规范	要求
1　了解火情	前往火灾现场了解火情大小、燃烧物质；呼唤附近的同事援助	保持镇静，不可惊慌失措；火情小时，正确使用消防设备和灭火器材
2　报警	通知消防中心或电话总机、保安室、当班主管经理；把火警现场附近所有的门和窗关闭，并将电闸关闭；切不可使用电梯，上下楼要走防火楼梯	清楚地说出报警人姓名、火警地点、燃烧物质、火势情况等
3　疏散宾客	迅速打开安全梯，指示出口方向，组织好人员疏散	疏散时检查每间客房，确保无客人滞留
4　灭火	根据火灾的种类，正确选用灭火器进行灭火；火势大时要撤离	灭火器选用正确、操作正确

客房盗窃事故的处理

任务准备	1.客房　2.丢东西的客人　3.客房服务员		
步骤		处理规范	要求
1	发现财物丢失	客人投诉在房间内有财物丢失时，应立即与值班经理、保安部取得联系，并向客房部领导汇报	第一时间上报
2	及时封锁现场	保留房间的状态，不得让任何人进入客房	不允许任何人破坏现场
3	了解具体情况	向客人了解失窃物品的详细情况及其价值，帮助客人回忆最后见到此物的时间和地点，请客人帮忙再次寻找	帮助客人回忆并尝试再次寻找，搜索床头柜缝隙、床底等
4	调取监控录像	向保安部调取监控录像，对失窃前曾逗留或到过此房间的人员进行一一询问	做好笔录
5	征求客人意见	仍无法找到失窃物时，征求客人意见，询问是否需要报警	不要贸然报警
6	记录事故详情	将事情发生的原因、经过、结果记录在日志本上	不要公开宣传

客人在客房内意外受伤的处理

任务准备	1.客房　2.受伤的客人　3.客房服务员		
步骤		处理规范	要求
1	发现客人受伤	首先观察伤情，如果客人意识清醒，可征求客人伤情处理意见；将客人扶起来，安慰客人，稳定其情绪，询问客人哪里不舒服，是否需要就医	安抚客人情绪；保护客人隐私；征求客人意见
2	如果伤势较重	应及时通知医护人员，等待过程中可做一些力所能及的应急处置，比如帮忙止血	不要擅自处理
3	如果后背受伤	立即请医生或者送医院	不要翻动客人

任务评价

火灾消防演练评分表

步骤		演练要求	分值	得分
1	了解火情	镇静有条理，判断准确	2	
2	报警	程序正确，汇报信息全面准确	2	
3	疏散宾客	动作迅速，有序疏散，不落一人	3	
4	灭火	灭火器选用及操作正确	3	
总分			10	

客房盗窃事故的处理评分表

步骤		处理要求	分值	得分
1	发现财物丢失	第一时间上报	1	
2	及时封锁现场	不允许任何人进入现场	1	
3	了解具体情况	帮助客人回忆,并再次在房间内寻找	2	
4	调取监控录像	联系保安部调取监控,做好调查笔录	2	
5	征求客人意见	征求客人意见,询问是否需要报警	2	
6	记录事故详情	将事故详情记录在日志上	2	
		总分	10	

客人在客房内意外受伤的处理评分表

步骤		处理要求	分值	得分
1	发现客人受伤	观察伤情,安抚客人情绪,询问客人是否就医	2	
2	如果伤势较重	及时通知医护人员,不要擅自处理	4	
3	如果后背受伤	立即请医生或者送医院,不要翻动客人	4	
		总分	10	

任务巩固及拓展

1. 任务巩固:依托客房实训室,参照以下流程图,六人一组,组织全班同学进行火灾消防演练。

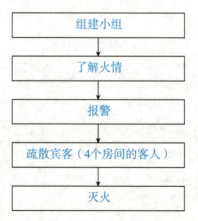

2. 任务拓展：扫描二维码链接任务拓展。

项目三

内部日常管理

学习本项目，能够熟悉安排班次、管理客房设备和管理客房用品等内容。

客房部人员管理要点总结

任务一　安排班次

任务引入

客房服务员王姐今早到得稍微有点晚，换好工装后急忙赶往客房办公室开例会，还没到办公室，就听到同事邹姐在大声喧嚷，据理力争。走进办公室，看到邹姐正在激动地说个不停："凭什么让我跨楼层，这第26层的房间都分给我不就可以了吗？是谁分的任务？凭什么这么分？会不会分啊？能不能干啊……"此时，负责分工的主管恰巧不在办公室，客房部副经理看她情绪激动，示意同事先让邹姐出去，他们先开例会。邹姐在办公室外依然情绪激动，气愤地讲个不停，后来负责分工的主管终于回来跟她说明了情况，她才平息下来。

学习目标

知识目标： 1. 了解劳动定额的确定。

2. 了解定岗定员的常用方法。

3. 了解安排班次应考虑的因素。

能力目标： 能够安排一个月的班次。

素养目标： 1. 强化效率意识。

2. 强化人性化理念。

> 基本知识

客房部员工一般占酒店员工总数的 30% 以上，人工费用是客房部经营管理费用中的一大项支出。因此，客房部的人员管理工作非常重要。

一、劳动定额

在客房部进行员工招聘前，首先要确定员工的劳动定额。劳动定额的确定，以操作的测试结果为依据，利用以下公式来计算：

$$X = [T-(t+B)] / [(A+D)(1+f)]$$

其中：T 为每天规定的劳动时间；t 为准备工作的时间；B 为结束工作的时间；A 为清扫一间房的时间；D 为随机服务时间；f 为休息与自然停顿的系数。

经过测试，结果如下：随机服务时间为 8 min；清扫一间客房的时间为 25 min；准备工作的时间为 8 min；结束工作的时间为 8 min；休息与停顿的系数为 0.14；每天规定的劳动时间为 480 min（60 min×8）。将以上数据代入公式：

$$X = [480-(8+8)] / [(25+8)×(1+0.14)]$$
$$= 464/37.62$$
$$= 12（间）$$

劳动定额的确定，在运用科学计算方法的同时，还应考虑到班次、员工的实际情况等因素。一般早班员工要清扫 12～14 间客房；中班员工要负责 40～50 间的夜床服务；早班领班负责检查 60～80 间客房；中班领班负责 160～200 间客房的工作区域；实习生和新员工开始工作时，劳动定额较低，一般清扫 6～9 间客房，熟练之后劳动定额随之增加。

二、定岗定员

劳动定额确定后，要针对客房的工作岗位编制定员。客房定员的常用方法有以下几种。

（一）历史分析法

通过参照客房部历史定员数据，根据以往经验进行分析来定员。

（二）劳动效率定员法

劳动效率定员法主要适用于实行劳动定额管理、以手工操作为主的工种，比如客房服

务员。计算公式为

$$定员人数 = 工作量 / (劳动定额 \times 出勤率)$$

[例3-1] 某五星级酒店拥有客房500间，年平均出租率为85%。客房服务员分为早班和晚班两个班次，早班客房服务员的劳动定额为14间，晚班客房服务员的劳动定额为50间，员工出勤率一般为96%。该酒店实行每周5天工作制，每年享受10天有薪年假（法定休假日正常排班，但要根据《中华人民共和国劳动法》进行加班补偿）。问：客房部的早班和晚班客房服务员如何定员？

解：客房服务员年平均出勤天数 = [365-（52×2）-10]×96%≈241（天）

早班客房服务员定员人数 = （500×85%）/（14×241/365）≈46（人）

晚班客房服务员定员人数 = （500×85%）/（50×241/365）≈13（人）

（三）比例定员法

比例定员是指根据酒店的档次、规模等按照一定的比例确定人员总量。比如，客房部员工人数约占酒店员工总数的30%；客房楼层服务员与领班的比例约为1:6。但是这种比例关系只能作为定员的参考依据，每个酒店会根据实际情况进行确定。

（四）设施设备定员法

设施设备定员是指按照设施设备的数量，以及按设备开动的班次和员工的看管定额来计算定员的人数。一般来说，高星级酒店客房服务员与客房数的比例约为1:5。客房部的洗衣房等岗位定员常常根据设备的数量和设备的条件来进行定员。

目前，有些酒店在实际工作中采用"买房"的方式节约人力成本。"买房"指的是员工完成标准工作量之后，每多清洁一间房给予相应的现金报酬，一般为10元/间房。这样就可以在不增加员工数量的情况下完成工作，但这种操作方式仅限于旺季，不适合长期使用，劳动强度过大将导致工作效率降低，服务质量下降，进而影响客人对客房服务的评价，影响酒店的美誉度。

此外，由于劳动力成本居高不下，一些酒店在实际工作中采用"外包"的用工方式，即在保证服务质量的前提下缩减人工成本，较为常见的做法是酒店将公共区域清洁业务外包给专业保洁公司来完成；楼层服务员会按照一定的比例介入外包。同时，随着人工智能的发展，客房部简单重复的工作可由机器人来完成，这样也可以大量节约人工劳动力。

酒店无论采用哪种方法来计算劳动定额，都要根据酒店实际工作需要及用工安排情况来确定最终的员工定员数量。

三、安排班次

（一）排班流程

安排酒店客房部的班次可参照以下流程进行。

比如，某酒店目前客房数为 243 间（套），根据酒店下半年的经营预算客房按 50% 的出租率目标，换算为每日 120 间左右的出租房量。

目前酒店客房服务人员每人日清扫住客 (退房) 房量为 12 间。再加上客房每日为早、中、晚三班次替班进行，因此每日需 12 人次服务员，再加上每日需替班休假人员 2 人次，因此目前客房部基层服务人员定岗人数标准为 14～15 人。管理人员根据每日每天督导、检查 60～80 间房的量，换算为每日需有 3 名管理人员负责检查房间卫生情况，再加上 1 人次的换班休假，另需设客房部经理 1 人，因此客房部管理人员 (含客房部经理) 定岗人数标准为 4～5 人。该酒店目前营业状态下客房部总定岗人数标准为 18～20 人。

客房部属于 24 h 对客营业部门，客房部班次安排为四个班次，分别为：早早班：7:30—16:00；早班：8:00—16:30；中班：15:00—23:30；夜班 23:30—7:30。根据客房部实际运营需求，将客房部基层服务人员及管理人员按照以上四个班次进行排班。排班流程如图 3-9 所示。

图 3-9 排班流程图

（二）排班需考虑的其他因素

（1）个人需求：以工作为重，在此基础上，尽可能满足个人合理需求；正常情况每周至少安排一天休息。

（2）人员搭配：男女搭配、新老搭配，搭配有利于团队建设。

（3）倒班：倒班频率适中，正常情况下不超过一周；不允许连踩两班。

（4）节假日：节假日轮休。

（5）灵活调整：工作相对稳定可按月排班，工作多变需按周排班；临时调班须征得双方及上级同意后方可调整。

图 3-10 所示是某酒店客房部的月排班表的实例，可以看出，酒店客房部员工分为八

个班次（A、B、C、D、E、F、J、I），实行倒班制，每个班次各尽其责，分工合作，24 h 为客人服务。酒店可以根据房间数量、客房部工作量及客房部员工数量等因素合理安排班次，保证酒店客房部工作的正常运转。

20　年　月份客房部排班表

序号	姓名	职位	1日	2二	3三	4四	5五	6六	7日	8一	9二	10三	11四	12五	13六	14日	15一	16二	17三	18四	19五	20六	21日	22一	23二	24三	25四	26五	27六	28日	29一	30二	31三	休假天数	积假天数
1	刘	客房经理	SH	A	A	A	A	A	A	A	A	O	A	A	A	A	A	A	O	A	A	A	A	A	A	A	A	SH	SH	A	A	A			
2	陈	客房主管	B	B	B	B	O	B	B	B	B	B	B	B	B	O	B	B	B	B	B	B	B	O	O	O	B	B	B	B	O			
3	黄	客房服务员	E	E	E	E	E	O	B	A	A	A	A	A	A	B	B	B	B	E	E	O	O	O	SH	SH	SH	O	O					
4	黄	客房服务员	A	A	A	B	B	E	E	E	E	O	B	B	B	O	B	E	E	O	A	B	B	A	O	B	B	B	A					
5	吴	客房服务员	B	B	O	B	A	A	A	A	B	O	B	B	B	O	B	B	A	A	A	O	O	O	E	E	E	E	E	E				
6	冼	客房服务员	B	O	B	B	B	B	B	O	O	B	E	E	E	E	E	O	O	E	E	A	A	O	A	A	A	A	A	O				
7																																			
8																																			
9																																			
10	韩	PA服务员	B	O	J	J	J	J	J	O	I	F	F	F	F	F	I	J	O	O	I	J	J	J	O	O	I	I	F	F	F	F			
11	王	PA服务员	O	B	F	F	F	F	F	I	O	J	J	J	J	J	O	F	I	I	O	F	F	F	F	I	I	O	O	J	J	J			

A班:08:00-16:30　B班:08:30-17:00　C班:15:30-24:00　D班:00:00-08:00　E班:11:30-20:00
F班:07:00-15:30　I班:08:30-13:00　17:30-21:30　J班:14:00-23:00
备注：O-例休　CL-补休　AL-年假　SH-法定假　EL-事假　SL-病假　调班和调休必须书面申请经上司签批后方可生效，严禁私自调班。

图3-10　酒店客房部排班表实例

任务实施

安排月排班

	任务准备	1.空白排班表　2.供参考的本月排班表	
步骤		排班规范	要求
1	预测工作量	根据酒店客房出租率等预测下个月的工作量	要留有余地
2	计算所需人手	按照人均标准工作量计算下月需要的人手	该数值为上限
3	分析人员现状	对现有员工的现状进行分析，下月是否均可正常上班	掌握整体状况
4	收集排班需求	掌握员工对排班的特殊需求，比如只上中班、夜班等	确认特殊需求
5	确定人员安排	综合上述所有信息，确定下月正常上班的人员	控制好劳动强度
6	排班	参考本月排班表，制定下月排班表	提前做好排班表

任务评价

安排月排班评分表

步骤		排班要求	分值	得分
1	预测工作量	能够根据出租率及酒店整体运行状况等对下月的工作量进行预测	1	
2	计算所需人手	以人均工作量为基准，计算下月所需的人手	1	
3	分析人员现状	及时掌握现有员工的特殊情况，比如由于事假、病假等不能正常工作	1	
4	收集排班需求	掌握对于排班有特殊需求的员工，比如只上中班，或者只上夜班等要求	2	
5	确定人员安排	综合以上所有信息，确定下月可上班人员	2	
6	排班	能够制定出下月排班表	3	
		总分	10	

任务巩固及拓展

1. 任务巩固：参照以下流程图及相关信息，制作客房实训室本学期的值日表。

客房实训室（共4个房间：302大床房、303标准间、304标准间、306套房）的值日任务包括以下两项。

任务1：教室清洁（扫地、拖地、摆放桌椅、清洁窗台等）。

任务2：房间清洁（房间扫地及拖地、清洁窗台、家具抹尘等；卫生间扫地及拖地、镜面清洁等）。

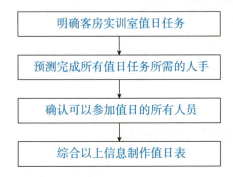

2. 任务拓展：扫描二维码链接任务拓展。

任务二　管理客房设备

任务引入

客房服务员王姐在清扫 2809 房间时，接到电话说 2805 房间的客人要两瓶矿泉水，要求马上送到房间去。王姐放下手中的活儿，拔卡出门时发现 2809 房间的门不能自动关上，需要手动关门。她先把水送到 2805 房间，回来后打开门后又试着关上，的确不能自动关门。她赶紧打电话给工程部报修，因为 2809 房间是预抵房，客人明天就到。工程部的员工很快就上来修理，把门修好了，王姐终于放心啦。

学习目标

知识目标： 1. 了解选择客房设备需要考虑的因素。
2. 熟悉客房设备的类别。
3. 熟悉客房设备的使用管理。

能力目标： 1. 能够熟练地使用和保养设备。
2. 能够加强对客房设备的维护管理。

素养目标： 1. 强化安全意识。
2. 强化环保意识。
3. 强化专业意识。

基本知识

一、客房设备的选择

选择客房的设备时，要考虑以下几个因素。

（一）安全性

安全是住店客人最基本的要求。酒店在建设初期对于客房装修材料的选择、对于家具的选择、对于备品的选择都要绿色环保，对客人的人身安全负责；同时要配备保险箱、双锁等保证客人的财产安全；此外，还要考虑家具设备的防火阻燃性，浴缸及地面的防滑性，避免安全隐患。

（二）针对性

客房的设备不应千篇一律，要针对不同的客源群体有针对性地配备不同的设备，比如家庭房或亲子房，除了配备正常的双人床，还要配备一张单人床或者婴儿床，房间整体的装修风格及装饰都要有所差异。

（三）实用性

酒店客房设备不应一味地追求奢华，更应注重实用性，方便客人使用；注重绿色节能环保，同时考虑到隔音、低碳、消声等功能，体现出客房的经济价值和社会价值。

（四）特色性

酒店客房的设备应具有一定的特色性，比如主题客房及少数民族地区的酒店，可以围绕某一主题配备相关的设备或是体现当地特色及民族风格的设备。这样能够让客人耳目一新，也能够提升客人对酒店客房的满意度。

设备属于酒店的硬件，但是客人可以通过硬件的配备感受到酒店的软性服务和用心程度，因此酒店管理人员应注重酒店设备的配置和管理。

二、客房设备的类别

（一）建筑装饰

客房面积不低于 20 m^2（不包含卫生间和门廊），建筑装饰包括门体、房顶、墙体、地面、窗户和壁柜装饰等。

（二）五金器具

五金器具包括洗脸盆、水龙头、下水管、手巾架、浴缸、淋浴喷头、浴巾架、晾衣绳、化妆镜、浴缸扶手和挂衣钩等。

（三）卫浴器具

卫浴器具包括洗脸盆、马桶、浴缸等。

（四）家具

家具包括行李架、小酒吧、电视柜、写字台、梳妆镜、梳妆台、床头柜、床架、床垫、床头板、画框、沙发、茶几、角桌、加床等。

（五）电器

电器包括小冰箱、电水壶、电视机、空调机、电吹风机等。

（六）灯具

灯具包括壁灯、台灯、落地灯、吊灯、夜灯和床头灯等。

三、客房设备的使用管理

（一）客房设备的使用

客房设备的使用者主要为员工和客人。一方面，要加强对员工的培训，让员工熟悉客房设备的用途、性能、使用方法和保养措施等，保证服务员能够正确使用和保养设备，延长设备的使用年限；另一方面，要让员工在引领客人进入房间时，为客人介绍客房设备的性能和使用方法，避免客人不会使用设备造成损坏或者不好意思询问员工如何使用设备的尴尬。

（二）客房设备的管理

客房的设备较多，要设专人管理。一方面，要对设备进行分类编号，便于管理；另一方面，要建立设备档案制度，每个设备都有自己的档案，有据可查，对设备的修理、变动、损坏等情况都要做好登记，以便全面掌握设备的使用情况。

（三）客房设备的维护管理

随着酒店的发展，客房的设备不断使用的过程中会发生一定的损耗，因此要及时对客房的设备进行日常维护。

对于建筑装饰，及时发现损坏，并及时呈报维修，跟踪解决；五金器具的报修应迅速及时，清理水渍污垢，定期进行保养；卫浴器具应使用专业的清洁剂，并做好消毒工作，避免硬物对卫浴造成损伤；家具应做好每日擦尘，定期进行打蜡，搬运和挪动时避免造成磕碰或松散；电器要每日进行检查，有问题及时进行报修，按照规定进行维护保养；灯具要每日进行检查，使用相称的光源，确保电压的稳定性。

同时，要有计划地对客房设备进行更新，主要分为常规修整、部分更新和全面更新三种类型。

1. 常规修整

在酒店正常运作的过程中，客房部会对设备进行日常的修整，比如对地毯的清洗，对墙面的洗涤和粉饰，对家具的修饰，对窗帘的洗涤等。

2. 部分更新

酒店一般在客房使用五年左右，会对客房的部分设备进行更新改造，比如更换地毯，更换墙纸，更新沙发靠垫，更换窗帘等。

3. 全面更新

酒店一般在客房使用十年左右，会对客房的设备全面彻底地更新改造，比如更新床架和床垫，更新灯具、镜子和画框等装饰品，更新卫生间设备等。

一般酒店在设备更新改造过程中依然正常营业，因此要根据酒店的经营状况及酒店的更新改造资金等制订周密的设备更新改造计划，有步骤地完成客房设备的更新改造，不影响酒店的正常运营。

任务实施

客房设备的分类管理

任务准备	1.一间客房 2.配备相应设备	
步骤	管理规范	要求
1	熟悉客房设备类别	客房设备通常分为建筑装饰、五金器具、卫浴器具、家具、电器、灯具六大类	掌握分类常识
2	房间内设备分类	根据以上分类标准对房间内的设备进行分类	注意细节
3	填写分类统计表	将分好类的设备填写在对应的统计表格中	认真填写
4	熟悉设备使用方法	对于房间内的设备要熟悉其使用方法并能向客人介绍	掌握正确使用方法
5	熟悉设备保养常识	对于房间内设备的保养具有一定的常识，尤其是五金器具的保养等	掌握专业保养常识

任务评价

客房设备的分类管理评分表

步骤	管理要求	分值	得分
1	熟悉客房设备类别	能够掌握客房设备分类常识	1	
2	房间内设备分类	能够将房间内的设备正确分类	2	

续表

步骤	管理要求	分值	得分
3	填写分类统计表	能够完整填写分类统计表	1	
4	熟悉设备使用方法	能够熟悉各类设备的使用方法	3	
5	熟悉设备保养常识	能够熟悉各类设备的保养常识	3	
	总分		10	

任务巩固及拓展

1. 任务巩固：参照以下流程图，三人一组，对客房实训室的所有设备进行分类统计。

2. 任务拓展：扫描二维码链接任务拓展。

任务三　管理客房用品

任务引入

客房服务员王姐正在清扫房间，突然听到门口有人在叫她："服务员，你们酒店怎么不提供'六小件'啊？我自己也没有带，很不方便啊！"王姐马上礼貌地回复："您好，先生，基于环保考虑，我们酒店取消了'六小件'的配备，给您带来不便我们深表歉意，您看这样好不好？您都需要什么告诉我，我来帮您想办法。"客人见服务员的态度很好，便说："哦，原来是这样，那就不用啦，等我一会儿出去自己买点吧。"

客房部物品管理要点总结

学习目标

知识目标： 1. 熟悉酒店客用品的类型。
2. 熟悉客房用品的类别。
3. 熟悉客房用品的管理。

能力目标： 1. 能够准确计算一次性消耗品的消耗定额。
2. 能够准确计算多次性消耗品的消耗定额。

素养目标： 1. 强化环保意识。
2. 强化成本意识。
3. 强化绿色意识。

基本知识

酒店"六小件"

一、酒店客用品的类型

（一）一次性消耗品

一次性消耗品（图3-11）是指供客人一次性使用消耗或用作馈赠客人而供应的用品，如香皂、信封、明信片、礼品袋、针线包等，也称供应品。最具有代表性的一次性消耗品就是酒店"六小件"，泛指顾客入住酒店后，酒店为顾客提供的一次性免费洗漱用品，包括一次性牙刷、一次性牙膏、一次性香皂、一次性浴液、一次性拖鞋、一次性梳子六种生活日常用品。

一次性消耗品在方便客人的同时也造成了资源的浪费，经国家质检总局、国家标准化管理委员会批准，《旅游饭店星级的划分与评定》（GB/T 14308—2010）取消了对牙膏、牙刷、拖鞋、梳子、沐浴液、香皂酒店"六小件"客用品的硬性要求。酒店可以根据自己运营的需要选择配备或者不配备"六小件"。无论是从环保的角度，还是从减少成本的目的出发，取消"六小件"对于酒店而言都是有益的，不过在实际操作过程中需要疏堵并举。一方面，要加大宣传力度，让公众了解取消"六小件"的意义，提升环保和节约意识，养成自带洗漱用品的习惯；另一方面，要引导行业自律，推动行业自治，对于住店期间不使用"六小件"的客人可奖励纪念品或代金券等。

取消"六小件"
疏堵并举

（二）多次性消耗品

多次性消耗品（图3-12）是指可供多批客人使用，不能让客人带走的客用品，如布件、烟灰缸、酒具等，也称客房备品。

图 3-11 一次性消耗品

图 3-12 多次性消耗品

二、客房用品的类别

（一）棉织品

棉织品包括床单、被套、枕套、枕头、棉被、床衬垫，以及浴巾、手巾、面巾、地巾等。

（二）文具用品

文具用品包括服务指南、信纸、信封、便笺纸、明信片、城区地图、早餐牌、送餐菜单、酒店宣传页、铅笔、橡皮、尺子、剪刀、胶水、订书机及订书钉等。

（三）洗漱用品

洗漱用品包括洗发液、护发素、沐浴液、护肤液、浴皂、手皂、牙刷、梳子、浴帽、漱口水等。

（四）小酒吧用品

小酒吧用品包括冰桶、冰夹、调酒棒、开瓶器、餐巾纸、饮料、酒水、小吃、茶叶、咖啡、糖包、消费单、小酒水架、食品篮等。

（五）饮具用品

饮具用品包括水杯、茶杯、红酒杯、古典杯等。

（六）日用品

日用品包括拖鞋、洗衣袋、购物袋、卫生袋、服务夹、便签夹、杯垫、垃圾桶等。

三、酒店客房用品的管理

客房用品要实行逐级管理，客房服务员每天按照酒店规定的数量为客房配备和补充用品，并在做房报告上做好登记；楼层领班汇总客房服务员的做房报告，对每房、每客的客用品耗用量进行汇总统计；客房部经理一般每月一次，对客用品的消耗情况进行分析，进而更好地控制客用品的消耗。

对于酒店易耗品的管理，需要明确责任人，按标准配发，同时制定严格的申领制度，实行奖惩措施，也要及时盘存。作为管理人员要抓好物品的节省和再利用工作，做到物尽其用，发挥其最大利用价值。比如房间的牙刷、梳子、香皂、拖鞋等一次性客房用品和毛巾、枕套、床单、浴衣等客用棉织品，按顾客意愿更换，减少洗涤次数。

客房用品的发放和使用均需严格控制。各楼层应配备专人负责楼层物资用品的领用、保管、发放、汇总、分析的工作。

四、酒店客房用品消费定额的制定

（一）一次性消耗品的消耗定额制定

一次性消耗品消耗定额的计算公式为

$$A = 365 \cdot b \cdot x \cdot f$$

其中：A 代表一次性消耗品的年度消耗定额；b 代表每间客房每天配备额；x 代表酒店客房总数；f 代表预测的年平均出租率。

［例3-2］某酒店有客房500间，年平均出租率为85%，拖鞋的单间客房每天配备额为2双。求该酒店拖鞋的年度消耗定额。

解：拖鞋的年度消耗定额 = 365×2×500×85% = 310 250（双）

（二）多次性消耗品的消耗定额制定

多次性消耗品消耗定额的计算公式为

$$A = 365 \cdot b \cdot x \cdot f \cdot r$$

其中：A 代表多次性消耗品的年度消耗定额；b 代表每间客房每天配备额；x 代表酒店客房总数；f 代表预测的年平均出租率；r 代表用品的损耗率。

[例3-3] 某酒店有客房300间,被套单间客房配备3套(每套2件)。预计客房平均出租率为80%。被套的年度损耗率约为30%,求该酒店被套年度消耗定额。

解: 被套的年度消耗定额 = 365×(2×3)×300×80%×30% =157 680(件)

同时,还应加强客用物品消耗控制,合理地降低消耗,有效地控制客房成本费用,提高经济效益,同时也能够做好环保工作。

1. 降低消耗

在实际的工作中,为了减少清洁剂对环境造成的污染,节约水资源,可以倡导客人减少更换床上用品的次数,比如在床头柜放置绿色环保卡,提醒客人需要换床单时将环保卡放在枕头上,在卫生间放置布草篮,把卫生间需要更换的棉织品放在布草篮里。

控制易耗品的补发。房间的牙刷、香皂、梳子、拖鞋等一次性客用品,按客人意愿更换,比如对连续租用两天以上的房客,在清扫时不一定将客人用过的消耗品一概重新更换,而是在保留原有物品的同时补充新的消耗品。建议使用可重复使用的拖鞋,并定期进行清洁、消毒。

清洁剂一定按比例勾兑,使用时另用小瓶装,避免超量使用带来的用水量增加和清洁剂副作用,减少浪费。

取消塑料封套、塑料擦鞋盒、一次性不可降解塑料洗衣袋,积极使用无污染、可再生的替代品。

2. 废品回收和再利用

目前大多数酒店都要求员工在日常工作中回收已经用过的物品进行再利用。客房服务员在清扫客房时可以回收报纸、杂志、酒瓶、饮料罐、食品盒、肥皂头、剩余的卷纸、用过的牙刷、用剩的牙膏、用剩的沐浴液等有价值的垃圾。比如肥皂头、牙刷、牙膏、沐浴液等可以用于清洁保养工作,可以节省专用清洁剂的用量;报纸、杂志、酒瓶等可以卖给废品收购站;一些物品经过加工还可以继续利用,比如报废的床单,可改成洗衣袋、枕套等,报废的毛巾还可做抹布用。清扫住客房时客人打开的半瓶矿泉水不予撤出,直到客人退房。客人退房后可以用剩下的半瓶矿泉水浇花。

"易客房"系统可以完成排房计件、报表管理、物品管理、配置管理等工作(图3-13)。排房计件包括房态记录、排房管理、计件确认、门店考勤、计件算薪、计划卫生、工作单详情打印等功能;报表管理包括计件报表、大清房记录表、一次性用品消耗报表、单项清洁报表、主管查房记录报表、店长查房报表、小酒吧报表等功能;物品管理包括门店物品库、客遗物品处理等功能;配置管理包括授权管理、小酒吧配置等功能。该系统的应用能够涵盖客房内部日常管理的各个方面,能够简化日常工作流程,便于管理者及时获取相关信息,掌握相关数据统计,更及时有效地做出决策。

图 3-13 "易客房"系统

【资料来源:华住集团 1+X 现代酒店服务质量管理职业技能证书考证培训资料】

总体来看,华住酒店集团的管理系统(图 3-14)能够完成从获客到运营再到管理的全面工作,除了刚刚提到的"易客房"系统,还有专门的 EPP 易采购系统,可以轻松管理酒店人财物,共享平台供应链资源;还有 CRM 会员管理系统,可以实现从携程到抖音全网流量无缝连接,各类会员发展和营销工具轻松提高复购率,助推了酒店客房数智化管理工作。

图 3-14 华住酒店集团管理系统

【资料来源:华住集团 1+X 现代酒店服务质量管理职业技能证书考证培训资料】

五、绿色客房

绿色客房是 21 世纪人们追求回归自然的必然结果。根据《绿色旅游饭店》(LB/T 007—2015)行业标准(详见附录二),"绿色旅游饭店"是指以可持续发展为理念,坚持清洁生产、维护饭店品质、倡导绿色消费、合理使用资源、保护生态环境、承担社区与环境责任的饭店。所以,绿色客房是指酒店客房产品在满足客人健康要求的前提下,在生产和服务的过程中对环境影响最小和对物资消耗最低的环保型客房。

《绿色旅游饭店》行业标准中对于"绿色客房"的要求见附录二中的"9.2 绿色客房"。布丁酒店是中国第一家时尚、新概念的连锁酒店,为年轻白领、商务人士和个性化的人群提供时尚、环保、简洁、张扬个性的客房服务。布丁酒店的绿色理念值得借鉴，主要包括以下五点。

（一）瞄准绿色人群

在经济危机的大背景下，人们对商旅居住环境的要求越来越高，经济、舒适和环保成为三大首要因素。布丁酒店把握住市场中强烈的环保需求，将客户群体锁定在乐活族，倡导"让酒店成为绿色酒店，让酒店顾客成为绿色消费者"。

（二）提供绿色客房

布丁酒店的每家分店，都秉承"节能、节水、环保、健康"理念，严格按照绿色环保标准进行设计、施工和质量验收。

（三）使用绿色产品

布丁酒店软饰全部来自瑞典宜家，而宜家70%的产品原材料都是环保木材或木纤维。卫浴则采用ROCA，既崇尚环保，又能满足高品质生活所需。为减少污水和化学成分对环境的危害，布丁酒店坚持使用低毒、低污染的洗涤剂和消毒剂。布丁酒店内所有的墙面漆和木漆都选用无刺激的环保漆，保证为客人营造健康、绿色的环境。

（四）推行绿色价格

时下流行的社会"消费病"现象之一是"小富即奢"，即炫耀型消费和浪费型消费。但是随着公民素质的提升，布丁酒店自始至终都坚持协助消费者树立适度消费的观念。布丁酒店长期推出特价房，低至95元，价格超乎寻常的"绿色"。适度消费是一种社会责任，更是一种幸福。布丁酒店这一举措值得众多行业借鉴。

（五）构建绿色文化

布丁酒店不单单是在产品和服务上下足绿色功夫，更将绿色标准上升到企业文化的高度。布丁酒店遵照国际通行的环保标准，率先提倡减少一次性用品消耗，宣扬"少用小六件，捐植一棵树"，把"环保、节约、时尚"的消费理念传输给大家，以期共同关爱我们的家园。布丁酒店至今已向宾客和社会免费赠送100 000多个设计有个性的环保袋。

因此，酒店应开展绿色宣传，引导消费者绿色消费，将绿色高效作为企业管理的目标，降低企业经营成本，实现社会效益和经济效益的最大化。

任务实施

酒店客房用品的消耗定额

任务准备	1.一家酒店 2.配备相应客房用品	
步骤	动作规范	要求
1	熟悉计算公式	熟悉一次性消耗品消耗定额的计算公式；熟悉多次性消耗品消耗定额的计算公式	能够准确区分一次性和多次性消耗品
2	了解已知条件	熟悉酒店的客房总数、年均出租率、单间客房配备额、用品的损耗率等已知信息	准确找到已知条件
3	根据公式计算	将已知条件带入相应的公式中	确保公式正确
4	算出消耗定额	根据公式，计算出一次性/多次性消耗品的消耗定额	计算准确

任务评价

酒店客房用品的消耗定额评分表

步骤		动作要求	分值	得分
1	熟悉计算公式	能够准确记住一次性/多次性消耗品的消耗定额计算公式	2	
2	了解已知条件	能够准确找到相应的已知信息	2	
3	根据公式计算	能够正确使用相应的公式进行计算	3	
4	算出消耗定额	数据准确，计算结果正确	3	
	总分		10	

任务巩固及拓展

1. 任务巩固：计算题。

（1）A 酒店有客房 400 间，年平均出租率为 80%，牙刷牙膏套装的单间客房每天配备额为 2 套。求 A 酒店牙刷牙膏套装的年度消耗定额为多少套？

（2）B 酒店有客房 500 间，床单单间客房配备 3 套（每套 2 张），预计客房平均出租率为 85%，床单的年度损耗率约为 25%，求 B 酒店床单的年度消耗定额为多少张？

2. 任务拓展：扫描二维码链接任务拓展。

《旅游饭店星级的划分与评定》（GB/T 14308—2010）

（此处只摘录正文部分，附录省略）

前言

本标准代替 GB/T 14308—2003 旅游饭店星级的划分与评定。

本标准与 GB/T 14308—2003 相比，主要技术内容变化如下：

a) 增加了对国家标准 GB/T 16766、GB/T 15566.8 的引用；

b) 更加注重饭店核心产品，弱化配套设施；

c) 将一二三星级饭店定位为有限服务饭店；

d) 突出绿色环保的要求；

e) 强化安全管理要求，将应急预案列入各星级的必备条件；

f) 提高饭店服务质量评价的操作性；

g) 增加例外条款，引导特色经营；

h) 保留白金五星级的概念，其具体标准与评定办法将另行制定。

本标准的附录 A、附录 B、附录 C 均为规范性附录。

本标准由国家旅游局提出。

本标准由全国旅游标准化技术委员会归口。

本标准起草单位：国家旅游局监督管理司。

本标准主要起草人：李任芷、刘士军、余昌国、贺静、鲁凯麟、刘锦宏、徐锦祉、辛涛、张润钢、王建平。

本标准所代替标准的历次版本发布情况为：

——GB/T 14308—1993；

——GB/T 14308—1997；

——GB/T 14308—2003。

旅游饭店星级的划分与评定

1 范围

本标准规定了旅游饭店星级的划分条件、服务质量和运营规范要求。

本标准适用于正式营业的各种旅游饭店。

2 规范性引用文件

下列文件对于本文件的应用是必不可少的。凡是注日期的引用文件,仅注日期的版本适用于本文件,凡是不注日期的引用文件,其最新版本(包括所有的修改单)适用于本文件。

GB/T 16766　旅游业基础术语

GB/T 10001.1　标志用公共信息图形符号第 1 部分：通用符号

GB/T 10001.2　标志用公共信息图形符号第 2 部分：旅游设施与服务符号

GB/T 10001.4　标志用公共信息图形符号第 4 部分：运动健身符号

GB/T 10001.9　标志用公共信息图形符号第 9 部分：无障碍设施符号

GB/T 15566.8　公共信息导向系统设置原则与要求第 8 部分：宾馆和饭店

3 术语和定义

下列术语和定义适用于本标准。

3.1 旅游饭店（tourist hotel）

以间（套）夜为单位出租客房,以住宿服务为主,并提供商务、会议、休闲、度假等相应服务的住宿设施,按不同习惯可能也被称为宾馆、酒店、旅馆、旅社、宾舍、度假村、俱乐部、大厦、中心等。

4 星级划分及标志

4.1 用星的数量和颜色表示旅游饭店的星级。旅游饭店星级分为五个级别,即一星级、二星级、三星级、四星级、五星级（含白金五星级）。最低为一星级,最高为五星级。星级越高,表示饭店的等级越高。（为方便行文,"星级旅游饭店"简称为"星级饭店"。）

4.2 星级标志由长城与五角星图案构成,用一颗五角星表示一星级,两颗五角星表示二星级,三颗五角星表示三星级,四颗五角星表示四星级,五颗五角星表示五星级,五颗白金五角星表示白金五星级。

5 总则

5.1 星级饭店的建筑、附属设施设备、服务项目和运行管理应符合国家现行的安全、消防、卫生、环境保护、劳动合同等有关法律、法规和标准的规定与要求。

5.2 各星级划分的基本条件见附录 A,各星级饭店应逐项达标。

5.3 星级饭店设备设施的位置、结构、数量、面积、功能、材质、设计、装饰等评价标准见附录 B。

5.4 星级饭店的服务质量、清洁卫生、维护保养等评价标准见附录 C。

5.5 一星级、二星级、三星级饭店是有限服务饭店,评定星级时应对饭店住宿产品进行重点评价；四星级和五星级（含白金五星级）饭店是完全服务饭店,评定星级时应对饭店产品进行全面评价。

5.6 倡导绿色设计、清洁生产、节能减排、绿色消费的理念。

5.7 星级饭店应增强突发事件应急处置能力,突发事件处置的应急预案应作为各星级饭店的必备条件。评定星级后,如饭店营运中发生重大安全责任事故,所属星级将被立即取消,相应星级标识不能继续使用。

5.8 评定星级时不应因为某一区域所有权或经营权的分离,或因为建筑物的分隔而区别对待,饭店内所有区域应达到同一星级的质量标准和管理要求。

5.9 饭店开业一年后可申请评定星级,经相应星级评定机构评定后,星级标识使用有效期为三年。三年期满后应进行重新评定。

6 各星级划分条件

6.1 必备条件

6.1.1 必备项目检查表规定了各星级应具备的硬件设施和服务项目。评定检查时,逐项打"√"确认达标后,再进入后续打分程序。

6.1.2 一星级必备项目见表 A.1;二星级必备项目见表 A.2;三星级必备项目见表 A.3;四星级必备项目见表 A.4;五星级必备项目见表 A.5。

6.2 设施设备

6.2.1 设施设备的要求见附录 B。总分 600 分。

6.2.2 一星级、二星级饭店不作要求,三星级、四星级、五星级饭店规定最低得分线:三星级 220 分,四星级 320 分,五星级 420 分。

6.3 饭店运营质量

6.3.1 饭店运营质量的要求见附录 C。总分 600 分。

6.3.2 饭店运营质量的评价内容分为总体要求、前厅、客房、餐饮、其他、公共及后台区域 6 个大项。评分时按"优""良""中""差"打分并计算得分率。公式为:得分率=该项实际得分/该项标准总分×100%。

6.3.3 一星级、二星级饭店不作要求。三星级、四星级、五星级饭店规定最低得分率:三星级 70%,四星级 80%,五星级 85%。

6.3.4 如饭店不具备表 C.1 中带"*"的项目,统计得分率时应在分母中去掉该项分值。

7 服务质量总体要求

7.1 服务基本原则

7.1.1 对宾客礼貌、热情、亲切、友好,一视同仁。

7.1.2 密切关注并尽量满足宾客的需求,高效率地完成对客服务。

7.1.3 遵守国家法律法规,保护宾客的合法权益。

7.1.4 尊重宾客的信仰与风俗习惯,不损害民族尊严。

7.2 服务基本要求

7.2.1 员工仪容仪表应达到：

a) 遵守饭店的仪容仪表规范，端庄、大方、整洁；

b) 着工装、佩工牌上岗；

c) 服务过程中表情自然、亲切、热情适度，提倡微笑服务。

7.2.2 员工言行举止应达到：

a) 语言文明、简洁、清晰，符合礼仪规范；

b) 站、坐、行姿符合各岗位的规范与要求，主动服务，有职业风范；

c) 以协调适宜的自然语言和身体语言对客服务，使宾客感到尊重舒适；

d) 对宾客提出的问题应予耐心解释，不推诿和应付。

7.2.3 员工业务能力与技能应达到掌握相应的业务知识和服务技能，并能熟练运用。

8 管理要求

8.1 应有员工手册。

8.2 应有饭店组织机构图和部门组织机构图。

8.3 应有完善的规章制度、服务标准、管理规范和操作程序。一项完整的饭店管理规范包括规范的名称、目的、管理职责、项目运作规程（具体包括执行层级、管理对象、方式与频率、管理工作内容）、管理分工、管理程序与考核指标等项目。各项管理规范应适时更新，并保留更新记录。

8.4 应有完善的部门化运作规范。包括管理人员岗位工作说明书、管理人员工作关系表、管理人员工作项目核检表、专门的质量管理文件、工作用表和质量管理记录等内容。

8.5 应有服务和专业技术人员岗位工作说明书，对服务和专业技术人员的岗位要求、任职条件、班次、接受指令与协调渠道、主要工作职责等内容进行书面说明。

8.6 应有服务项目、程序与标准说明书，对每一个服务项目完成的目标、为完成该目标所需要经过的程序，以及各个程序的质量标准进行说明。

8.7 对国家和地方主管部门和强制性标准所要求的特定岗位的技术工作如锅炉、强弱电、消防、食品加工与制作等，应有相应的工作技术标准的书面说明，相应岗位的从业人员应知晓并熟练操作。

8.8 应有其他可以证明饭店质量管理水平的证书或文件。

9 安全管理要求

9.1 星级饭店应取得消防等方面的安全许可，确保消防设施的完好和有效运行。

9.2 水、电、气、油、压力容器、管线等设施设备应安全有效运行。

9.3 应严格执行安全管理防控制度,确保安全监控设备的有效运行及人员的责任到位。

9.4 应注重食品加工流程的卫生管理,保证食品安全。

9.5 应制定和完善地震、火灾、食品卫生、公共卫生、治安事件、设施设备突发故障等各项突发事件应急预案。

10 其他

对于以住宿为主营业务,建筑与装修风格独特,拥有独特客户群体,管理和服务特色鲜明,且业内知名度较高旅游饭店的星级评定,可参照五星级的要求。

附录二

《绿色旅游饭店》（LB/T 007—2015）

1　范围

本标准规定了绿色旅游饭店的创建、实施、改进及评定要求。

本标准适用于任何要求创建绿色旅游饭店、实施和改进环境管理的饭店。

2　规范性引用文件

下列文件对于本文件的应用是必不可少的。凡是注日期的引用文件，仅所注日期的版本适用于本文件。凡是不注日期的引用文件，其最新版本（包括所有的修改单）适用于本文件。

GB 3096　声环境质量标准

GB 5749　生活饮用水卫生标准

GB 8978　污水综合排放标准

GB/T 12455　宾馆、饭店合理用电

GB 13271　锅炉大气污染物排放标准

GB 17167　用能单位能源计量器具配备和管理通则

GB 18483　饮食业油烟排放标准

GB/T 18883　室内空气质量标准

GB/T 19001　质量管理体系 要求

GB/T 19095　生活垃圾分类标志

GB 19577　冷水机组能效限定值及能源效率等级

GB/T 23331　能源管理体系 要求

GB/T 24001　环境管理体系 要求

GB 25502　坐便器用水效率限定值及用水效率等级

GB 50118　民用建筑隔声设计规范

GB 50325　民用建筑工程室内环境污染控制规范

LB/T 018　旅游饭店节能减排指引

CJJ/T 102 城市生活垃圾分类及其评价标准

3 术语和定义

下列术语和定义适用于本标准。

3.1 绿色旅游饭店 green hotel

以可持续发展为理念,坚持清洁生产、维护饭店品质、倡导绿色消费、合理使用资源、保护生态环境、承担社区与环境责任的饭店。

3.2 清洁生产 cleaner production

指不断采取改进设计、使用清洁的能源和原料、采用进行的工艺技术与设备、改善管理、综合利用等措施,从源头消减污染,提高资源利用效率,减少或者避免生产、服务和产品使用过程中污染物的产生和排放,以减轻或消除对人类健康和环境的危害。

3.3 冷热电联供 combined cooling, heating and power

通过能源的梯级利用,燃料通过热电联产装置将高品位能发电后,将其中的低品位能用于采暖、生活供热等用途的供热,这一热量也可以驱动吸收式制冷机,用于夏季的空调,从而形成冷热电三联供系统。

3.4 绿色消费 environmentally friendly consumption

指选择无污染、健康的产品,关注产品在生产、使用和废弃后对环境的影响,并关注废弃物处理的消费行为。

3.5 绿色客房 green room

指室内环境满足人体健康要求,设施品质高,智能化程度高,能源、资源利用率高的客房。

3.6 绿色餐饮 environmentally friendly food and beverage service

指提供安全、健康、高品质的食品和用餐环境,无食物浪费,并对厨余垃圾安全处置的餐饮服务。

3.7 绿色采购 environmentally friendly procurement

指实施供应商环境影响评价,优先购买环境影响小的产品,促进企业环境行为改善的采购行为。

4 基本要求

4.1 环境管理要求

4.1.1 饭店在运营管理中应遵守环保、节能、卫生、防疫、规划等方面的法律法规和其他要求,承诺污染预防并持续改进饭店的环境绩效。

4.1.2 饭店应构建有实施绿色旅游饭店的创建与管理的组织体系,开展培训并创造能使员工充分参与创建与管理绿色旅游饭店的内部环境。

4.1.3 饭店应制定绿色旅游饭店的环境方针和目标指标，建立并实施有关环保、节能、污染预防以及倡导绿色消费、绿色采购等方面的规章制度和管理要求。

4.1.4 饭店应因地制宜、形式多样地开展绿色旅游饭店的宣传、推广活动，鼓励饭店消费者、供应商参与绿色旅游饭店的实施工作。

4.2 环境质量要求

4.2.1 饭店锅炉大气污染物排放应符合 GB 13271。

4.2.2 饭店厨房排烟应符合 GB 18483。

4.2.3 饭店污水排放应符合 GB 8978。

4.2.4 饭店垃圾分类及管理应符合 CJJ/T 102。

4.2.5 饭店噪声排放应符合 GB 3096。

4.2.6 饭店新建、改建工程后，室内空气质量应符合 GB 50325，运营中的饭店，室内空气质量应符合 GB/T 18883。

4.2.7 饭店能源计量系统应符合 GB 17167。

4.2.8 饭店在一年内未出现重大环境污染事故，无环境方面的投诉。

5 设计要求

5.1 环境设计

5.1.1 饭店建设应有环境影响评价。

5.1.2 饭店选址和设计应保留和利用地形、地貌、植被和水系，保护生态系统和文化景观。

5.1.3 饭店内外应有良好的绿化设计。

5.2 绿色建筑设计

5.2.1 饭店应对建筑材料和结构体系进行选择和评估，有对建筑的体量、体形、平面布局、外围护结构进行节能设计，减少建筑能耗。

5.2.2 饭店应积极采用太阳能、风能、生物质能和地热等再生能源。

5.2.3 饭店应积极利用周边企业余热、废热；采用冷热电联供、集中供热等能源利用方式。

5.2.4 饭店应充分考虑建筑的热、声、光环境以及室内空气质量，综合设计、配置设备，创造舒适、健康的室内环境。饭店室内温度、照度水平符合 GB/T 12455，噪声水平符合 GB 50118。

5.2.5 饭店应有节水系统设计，降低水资源消耗。坐便器符合 GB 25502。

6 能源管理要求

6.1 基础管理

6.1.1 饭店应建立耗能设备分类与计量仪表台账。

6.1.2 饭店应建立能源统计、分析工作制度，定期编制能源使用的分析、改进报告。

6.1.3 饭店应建立能源管理制度和设备操作规范。

6.1.4 饭店应建立能源使用的培训制度。

6.2 使用管理

6.2.1 饭店所有设备应得到正确的使用和良好的维护，保持设备运行正常、能耗正常。

6.2.2 饭店的各项操作规程应得到持续的改进，以减少操作中能源的浪费。

6.2.3 饭店应及时更新陈旧、低效、高能耗设备，采用合同能源管理模式开展节能技术改造。

6.2.4 饭店应优化能源结构，降低单位综合能耗水平和综合能耗费用。

6.2.5 饭店应不断提高能源使用管理的技术手段，实现能源使用管理的系统化、智能化。

7 资源使用管理要求

7.1 水资源使用管理

7.1.1 饭店各部门和各台大型用水设备应建立用水标准，节约用水。

7.1.2 饭店应改进操作过程，建立用水规范，杜绝水资源浪费。

7.1.3 饭店应采用各种水资源再利用措施或技术。

7.2 原材料消耗管理

7.2.1 饭店应减少各类纸张的使用量，积极采用各种替代措施或减量措施。

7.2.2 饭店办公用品应按需使用，提高办公智能化水平。

7.2.3 饭店餐饮食品原材料应按需分类分质有效利用，减少浪费。

7.2.4 饭店工程零配件、装修材料等应按需使用，充分利用。

7.2.5 饭店洗涤剂、清洁剂的使用应设立使用标准，配置量具或相应设备，严格按标准剂量使用。

7.3 客用物品消耗管理

7.3.1 饭店客房用棉织品应在满足客人要求的前提下，减少更换和洗涤次数。

7.3.2 饭店应减少客房内一次性消耗品的使用。

7.3.3 饭店应积极采用生态、环保型材料制作的客房物品。

7.4 资源回收利用

7.4.1 饭店各种废弃的物品应建立分类回收制度，实施分类回收。

7.4.2 饭店应采用各种措施，实现废弃物品的再利用。无法实现再利用的废弃物品，应妥善管理，交由合法组织回收处理。

8 污染预防与控制

8.1 大气污染物排放控制

8.1.1 饭店应不使用以破坏臭氧层物质为工质的各类消防、制冷设备。

8.1.2 饭店应改进能源结构，对锅炉排烟进行处理，减少形成酸雨的硫氧化物、氮氧化物的排放，减少二氧化碳等温室气体的排放。

8.1.3 饭店应安装厨房油烟净化设备，减少油烟排放。

8.2 水污染物排放控制

8.2.1 饭店厨房应设置隔油池，定期清理，运行正常。

8.2.2 饭店各类污水处理设备应完善并运行正常。

8.2.3 饭店未进入城市污水管网的污水排放应通过专门的污水处理达到一级排放标准排放。

8.3 垃圾房的设置和管理

8.3.1 饭店应设置专门的垃圾房临时存放垃圾；垃圾房应为封闭式空间，并有垃圾污水排放及处理设施。

8.3.2 饭店垃圾桶分类、标识清楚，应符合 GB/T 19095。

8.3.3 饭店应建立垃圾分类、储存、运输管理制度并严格执行。

8.4 有毒有害废弃物管理

8.4.1 饭店应建立有毒有害废弃物清单和回收程序，并有妥善的存放措施。

8.4.2 饭店有毒有害废弃物应由合法的专业机构回收处理。

8.5 厨余废弃物管理

8.5.1 饭店厨房废油应专门收集，交由合法机构回收处理，不能直接排放。

8.5.2 饭店厨余垃圾和餐厅剩余的食品垃圾应交由专门机构回收处理，或自行无污染处理。

8.6 植物养护剂和虫害防治药品管理

8.6.1 饭店植物养护剂和虫害防治药品应有专人管理，记录清楚。

8.6.2 饭店植物养护过程应在室外或专门的场所的进行，养护过程完成后才能放置室内。

8.6.3 饭店虫害防治药品的投放和使用应符合使用规范并对客人有专门的告示。

9 产品与服务提供

9.1 安全食品

9.1.1 饭店应建立食品检验制度，提供安全、无污染食品，如绿色食品、无公害食品、有机食品等。

9.1.2 饭店食品原材料加工场所应符合卫生要求，有相应的消毒、更衣、盥洗、采光、照明、通风防腐、防尘、防蝇、防鼠、洗涤、污水排放、存放垃圾和废弃物的设施。

9.1.3 饭店食品存放、加工设备应设置合理，防止食品交叉污染或受到其他物品污染。

9.1.4 饭店各类餐具、饮具应洗净、消毒，并保持清洁。

9.1.5 饭店过期食品应及时处理。

9.2 绿色客房

9.2.1 客房室内空气质量优良，无异味，无装修材料污染。客房新风、排风系统有效，客房新风量每小时 30～50 立方米。

9.2.2 客房有良好的隔噪处理，室内噪声低于 35 分贝。室内设备无噪声排放。

9.2.3 客房可放置利于改善室内环境的植物。

9.2.4 客房提供优质饮用水；提供优质、恒温、压力适宜的盥洗用水。

9.2.5 客房提供优质照明。

9.2.6 客房室内设备运行，如中央空调、照明等应实现智能化控制，并方便客人使用。

9.2.7 客房采用建筑遮阳技术和自然通风。

9.2.8 客房有室内环境质量信息、棉织品更换、物品减量使用方面的告示。提供环保读物，提升客人环保理念。

9.2.9 客房楼层电梯应有新风系统。

9.2.10 饭店可设置自助服务区，如公共洗衣机、熨烫服务区、自助售货机等。

9.3 绿色餐厅

9.3.1 餐厅设施应定期清洁、消毒，符合《公共场所卫生管理条例》的要求。

9.3.2 餐厅空气质量优良，无异味，通风良好。

9.3.3 餐厅明档应配备有效的排油烟装置。

9.3.4 餐厅不加工、销售野生保护动物。

9.3.5 餐厅装饰用植物无污染。

9.3.6 餐厅服务应严格操作规范，确保食品质量和服务人员个人卫生符合标准。

9.3.7 餐厅可提供适量点餐服务，按需配置食品份量，减少浪费。

9.3.8 餐厅可提供打包、存酒等服务。

9.3.9 餐厅应不提供一次性餐具（打包服务除外）。

10 安全与员工健康管理

10.1 安全管理

10.1.1 饭店应识别安全隐患，建立火灾、人员伤亡、电梯困人、泳池溺水、设备伤害等突发事件的应急处理预案，定期进行演练，确保紧急状态下应急预案的有效实施。

10.1.2 饭店特种设备应由专人管理，操作人员应经过专门的培训。特种设备应按照规范操作。

10.1.3 饭店客用设施应定期维护检查，确保安全。应识别客用设施中的安全隐患，及时排除纠正。

10.1.4 饭店公共区域的作业施工，应设置围护，并有明显的告示，作业时应有专人管理。

10.1.5 饭店监控设施应完善、有效。

10.2 员工健康管理

10.2.1 饭店应做好员工工作防护，对接触各类化学品、各类有毒有害污染物的员工，应建立完善的防护措施。

10.2.2 饭店应为员工提供环境良好的休息、用餐场所。

10.2.3 饭店可设立员工心理辅导站，维护员工心理健康。

11 社会责任

11.1 绿色理念宣传

11.1.1 饭店应通过各种措施和渠道向顾客传播绿色理念，提高顾客的环保意识。

11.1.2 饭店应定期发布绿色旅游饭店创建成效。

11.1.3 饭店可采取奖励、优惠等措施引导顾客参与饭店绿色计划。

11.2 绿色采购

11.2.1 饭店应选择合格供应商提供的产品和服务，拒绝使用损害环境的供应商提供的产品。

11.2.2 饭店宜优先选择提供环保型产品的供应商。

11.2.3 饭店应积极与供应商协商，在产品包装、物流、仓储等环节降低消耗、减少环境污染。

11.3 社区服务

11.3.1 饭店应参与社区的各种公益活动，协调饭店与社区的关系，减少饭店运行对社区居民的影响。

11.3.2 饭店应参与社区环境改善活动。

11.3.3 饭店可对社区居民开放公共活动设施。

11.3.4 饭店应开展社区环境保护宣传，提升公众环保意识。

11.4 环境绩效改善

11.4.1 饭店应按照 GB/T 23331 建立能源管理体系，单位综合能耗水平逐年下降或达到 LB/T 018 中的先进指标。

11.4.2 饭店应按照 GB/T 19001 建立质量管理体系，按照 GB/T 24001 建立环境管理体系。

11.4.3 饭店主营业务收入与用水量和消耗品使用量的比例应逐年下降或与上年持平。

12 划分与评定

12.1 划分与参评资格

12.1.1 绿色旅游饭店分为金树叶级和银树叶级两个等级。金树叶级应达到附录 A "表 A.2 评定项目检查表" 240 分及以上，银树叶级应达到附录 A "表 A.2 评定项目检查表" 180 分及以上。

12.1.2 全国范围内，正式开业一年以上，并满足附录 A 要求的饭店具有参加评定的资格。

12.2 评定机构和权限

12.2.1 全国旅游星级饭店评定机构统筹负责绿色旅游饭店的组织、领导、评定工作，制定评定工作的实施办法和评定细则，授权、督导省级以下旅游星级饭店评定机构开展绿色旅游饭店的评定工作，保有对各级旅游星级饭店评定机构所评绿色旅游饭店的否决权，并接受国家旅游局指导和监督。

12.2.2 省、自治区、直辖市旅游星级饭店评定机构按照全国旅游星级饭店评定机构的授权和督导，组织本地区绿色旅游饭店的评定与复核工作，保有对本地区下级旅游星级饭店评定机构所评绿色旅游饭店的否决权。同时，负责将本地区所评绿色旅游饭店的批复和评定检查资料上报全国旅游星级饭店评定机构备案。评定机构应吸收相关专业技术部门代表参加，并接受各省、自治区、直辖市旅游局指导和监督。

12.2.3 其他城市或行政区域旅游星级饭店评定机构按照全国旅游星级饭店评定机构的授权和所在地区省级旅游星级饭店评定机构的授权，实施本地区绿色旅游饭店的推荐、评定和复核工作。同时，负责将本地区绿色旅游饭店的推荐或评定检查资料上报省级旅游星级饭店评定机构。评定机构应吸收相关专业技术部门代表参加，并接受各城市或行政区域旅游局指导和监督。

12.3 评定程序

12.3.1 饭店向所在城市或行政区域旅游星级饭店评定机构提交评定申请报告及数据表单。

12.3.2 饭店所在城市或行政区域旅游星级饭店评定机构向省级旅游星级饭店评定机构推荐申报饭店，或根据授权对申报饭店进行评定，并将有关评定检查情况上报省级旅游星级饭店评定机构备案。

12.3.3 省级旅游星级饭店评定机构对申报饭店进行评定。

12.3.4 评定后，达到标准要求的予以通过并公告，同时，上报全国旅游星级饭店评定机构备案，并由全国旅游星级饭店评定机构颁发绿色旅游饭店证书及标志牌。未达到标准要求的，不予通过。

12.4 标志管理

12.4.1 绿色旅游饭店标志实行自愿申请，强制管理制度。

12.4.2 经评定的绿色旅游饭店授予相应的标志，并颁发证书。

12.4.3 绿色旅游饭店标志牌由全国旅游星级饭店评定机构统一制作、核发。

12.4.4 经评定的绿色旅游饭店，由省级旅游星级饭店评定机构每五年复核一次。复核结果上报全国旅游星级饭店评定机构备案。

12.4.5 标志的有效期为五年（自颁发证书之日起计算）。

12.4.6 凡标志使用有效期满而不继续申请的，视为放弃标志使用。

附录 A（规范性附录）绿色旅游饭店评定细则

表 A.1 必备项目检查表

序号	项目	是否达标
1	环境管理要求	
1.1	饭店在运营管理中应遵守环保、节能、卫生、防疫、规划等方面的法律法规和其他要求	
1.2	饭店承诺污染预防并持续改进饭店的环境绩效	
1.3	饭店设置有实施绿色旅游饭店的创建与管理的组织体系，并创造能使员工充分参与创建与管理绿色旅游饭店的内部环境	
1.4	饭店制订并实施绿色旅游饭店的创建与管理培训计划	
1.5	饭店制定有绿色旅游饭店的环境方针和目标指标。环境方针应描述清楚，目标指标应可行	
1.6	饭店建立并实施有关环保、节能、污染预防以及倡导绿色消费、绿色采购等方面的规章制度和管理要求	
1.7	饭店应因地制宜、形式多样地开展绿色旅游饭店的宣传、推广活动，鼓励饭店消费者、供应商参与绿色旅游饭店的实施工作	
2	环境质量要求	
2.1	饭店锅炉大气污染物排放应符合《锅炉大气污染物排放标准》	
2.2	饭店厨房排烟应符合《饮食业油烟排放标准》	

续表

序号	项目	是否达标
2.3	饭店污水排放应符合《污水综合排放标准》	
2.4	饭店垃圾分类及管理应符合《城市生活墙头分类及其评价标准》	
2.5	饭店噪声排放应符合《声环境质量标准》	
2.6	新建、改建饭店或饭店实施局部改造装修工程后，室内空气质量应符合《民用建筑工程室内环境污染控制规范》，运营中的饭店，室内空气质量应符合《室内空气质量标准》	
2.7	饭店能源计量系统应符合《用能单位能源计量器具配备和管理通则》	
2.8	饭店不出售、不加工以野生保护动物为原料的食品	
2.9	饭店在一年内未出现重大环境污染事故，无环境方面的投诉	

表 A.2　评定项目检查表（略）。

附录三

职业院校酒店管理专业顶岗实习标准(摘录)

（实习内容部分只摘录客房岗位群 前厅和餐饮岗位群省略）

一、适用范围

本标准由餐饮职业教育教学指导委员会研究制定，适用于中等职业学校高星级饭店运营与管理专业、高等职业学校酒店管理专业学生的顶岗实习安排，面向酒店行业，针对酒店前厅部、餐饮部、客房部及市场营销部、人力资源部等部门的服务、管理岗位（群）。

二、实习目标

学生通过酒店管理专业顶岗实习，了解企业的运作、组织架构、规章制度和企业文化；掌握岗位的典型工作流程、工作内容及核心技能；养成爱岗敬业、精益求精、诚实守信的职业精神，增强学生的就业能力。

三、时间安排

中（高）职学校高星级饭店运营与管理专业（酒店管理专业）学生的顶岗实习为期至少半年以上，可安排在最后一学年进行，也可安排在教学的中间环节交替或分期安排。

四、实习条件

（一）实习酒店条件

学校应遵循长远规划、密切合作的原则选择实习酒店，成建制地安排学生实习。实习酒店应诚信经营，管理规范，运行状况良好，满足实习生管理基本条件，具备社会责任感，愿意与学校共同承担育人责任，能满足职业教育教学改革要求，提供在前厅、客房、餐饮等核心技能岗位（群）以及市场营销、人力资源等岗位实习的机会。

1. 酒店类型

学校安排学生实习的酒店应是依据《旅游饭店星级的划分与评定》（GB/T 14308—2010）评定的挂牌四星及四星以上等级的酒店，或具备与四（五）星级同等管理水平的酒店。如学校所在地没有前述等级的酒店，则应安排学生到当地等级最高的酒店或外地的四、五星酒店开展实习。

酒店可以是全服务酒店或有限服务酒店。

2. 酒店经营范围

学生实习的酒店原则上应经营客房、餐饮两大产品线，满足学生在酒店核心经营部门实习的需求。

3. 酒店经营管理状况

实习酒店应是知名品牌，运作管理成熟，经营状况良好。

（二）设施条件

1. 安全保障设施

实习酒店应拥有全方位、全时段的安全保障系统，基本安全保障设施条件方面应包含：

（1）住宿条件。酒店应提供实习生宿舍，酒店宿舍管理完善，有专职的宿管员，男女生宿舍相对分隔独立。

（2）上下班交通条件。如实习生宿舍距离酒店较远，酒店应尽可能提供交通车接送实习生上下班。

2. 工作设施

学生实习岗位所使用的设施符合相关标准要求，配套安全使用须知等文件，开展必要的安全使用培训。

3. 信息资料

实习酒店的数字化程度较高；能为实习生建立电子实习档案，全程记录与监控实习过程。

（三）实习岗位

1. 实习岗位应是酒店管理（高星级饭店运营与管理）专业对应的酒店岗位群。主要有前厅、客房、餐饮等三大核心部门的经营服务岗位和市场营销部、人力资源部等部门相关岗位。不得安排学生到歌厅、酒吧、夜总会、洗浴中心等营业性娱乐场所顶岗实习。

2. 实习期为一年的实习生，实习岗位不少于 2 个；实习期为半年的实习生应有接受交叉培训的机会。

3. 建立实习岗位调整制度及激励机制，对确因个人条件不适原岗位的实习生予以调整岗位；对综合表现突出的实习生可选拔为管理培训生。

（四）实习指导教师

1. 实习指导教师的组成

由企业导师和学校实习指导教师组成。

2. 实习指导教师的职业资格、工作经验要求及指导方式

（1）企业导师：企业导师主要由酒店人力资源管理部门及学生实习所在部门的管理人员、高级技术人员担任。管理人员类企业导师应具备大专以上学历、主管以上职务，从事该岗位工作不少于三年；高级技术人员类的企业导师应从事该岗位工作不少于三年。企业导师主要以授课、在岗培训等方式指导。

（2）学校实习指导教师：学校实习指导教师主要包括校内实习管理部门的教师和本专业承担实习教学工作的教师。实习管理部门的教师应具备实习指导师资格，专业教师应具备助理讲师以上职称，有行业企业的实践经历。学校实习指导教师主要通过在线辅导、定期巡岗、到店授课等方式开展工作。有条件的学校可安排驻店实习指导教师，对实习生的生活和工作进行现场管理和指导。

五、实习内容

实习内容对应主要实习岗位（群）的具体内容列举于附表 1 酒店管理专业客房岗位群实习内容。

附表 1　酒店管理专业客房岗位群实习内容

序号	实习项目	时间	工作任务	职业技能与素养
1	客房清扫（服务员岗）	3～6个月	客房清扫 客房计划 卫生杀菌 消毒	1. 熟悉班前准备工作的内容，包括房态核实、客房清扫顺序、工作车整理等； 2. 掌握走客房、住客房、空房等不同类型客房清扫和整理的方法； 3. 熟练掌握中式铺床、卫生间清洁、抹尘、吸尘的技巧； 4. 掌握吸尘器、加湿器、空气净化器等设备的使用及养护方法；

续表

序号	实习项目	时间	工作任务	职业技能与素养
1	客房清扫（服务员岗）	3～6个月	客房清扫客房计划卫生杀菌消毒	5. 熟悉家具、电器、金属器件、卫生洁具的清洁保养方法； 6. 能正确使用各种消毒剂，熟悉客房消杀程序； 7. 熟悉客房清洁保养和计划卫生的质量标准，掌握查房的程序与方法； 8. 掌握楼层设备用品的管理方法与要求； 9. 能使用一门外语与宾客进行简单交流； 10. 养成耐心周到、谦恭有礼的职业素养
2	楼层服务（服务员岗）	3～6个月	楼层常规服务客房管家服务	1. 能为各类宾客提供客房楼层迎送与引领服务； 2. 能做好访客服务和茶水服务； 3. 能为宾客处理洗衣、擦鞋、物品租借、开夜床、加床服务； 4. 掌握检查走客房流程，能做好拾遗服务； 5. 熟悉客房所有设施设备的使用方法，能为宾客介绍、演示； 6. 能处理宾客醉酒、患病、物品丢失、托婴等特殊情况； 7. 熟悉贵宾接待要求和管家服务要求，能在上级带领下做好楼层管家服务工作； 8. 会使用客史档案为宾客提供个性化服务； 9. 能使用一门外语与宾客进行简单交流； 10. 养成耐心细致、真诚有礼的职业素养
3	客房服务中心（服务员岗）	3～6个月	电话问询服务内部事务处理	1. 掌握电话礼仪，熟悉酒店各项服务项目； 2. 能够规范接听宾客电话并处理宾客问询； 3. 能准确、及时传递房态、客人需求、维修问题等信息，掌握内部沟通技巧； 4. 了解酒店各部门职责范围； 5. 掌握客人遗留物品登记保管方法； 6. 能收发、保管楼层工作钥匙； 7. 能熟练操作客房中心电脑系统； 8. 能协助上级做好部门考勤、整理报表资料等工作； 9. 熟悉客房消耗品管理方法； 10. 养成耐心细致、真诚有礼的职业素养

续表

序号	实习项目	时间	工作任务	职业技能与素养
4	洗衣房服务（服务员岗）	3～6个月	布草管理衣物洗熨	1. 会做布草盘点； 2. 能做好布草及员工制服的分类、收发； 3. 熟悉各类布草、衣物的面料特性，熟悉各类洗涤剂及洗涤用品的使用方法； 4. 会正确使用洗熨设备； 5. 了解洗涤设备养护方法； 6. 能进行简单的衣物、织物缝补； 7. 养成周到、细致、耐心、诚信的职业素养
5	客房基层管理（领班主管岗）	1个月以上	对客服务管理	1. 能按照标准对各类客房进行检查； 2. 能带领员工做好贵宾接待服务； 3. 能处理一般宾客投诉； 4. 能进行客史档案管理； 5. 能使用至少一门外语与宾客交流； 6. 熟悉客房对客服务标准，能做好服务质量控制
			员工督导管理	1. 能组织召开班组例会； 2. 能进行员工培训与激励； 3. 能对员工进行工作现场督导
			内部日常管理	1. 掌握编制定员的方法； 2. 会合理安排员工工作班次； 3. 了解客房设备日常使用与养护能督促员工做好节能减排； 4. 能进行计划卫生的编制； 5. 能做好客房物资盘点； 6. 能处理客房各类日常报表文件； 7. 有较好的安全意识，能处理各类突发事件； 8. 培养成熟稳重的职业素养、富有合作精神和沟通能力

六、实习成果

实习学生应在顶岗实习结束时提交顶岗实习企业证明材料，必须提交以下成果中的任一项：

（1）顶岗实习总结报告一篇。

(2) 实习期间形成的技术方案或论文。

(3) 实习期间完成的实物作品的图文说明材料或音视频说明材料。

七、考核评价

（一）考核内容

实习考核的内容应包括过程评价和结果评价两个部分，实习生在实习期间过程评价和结果评价均合格方可记为考核通过。考核内容如《过程评价考核内容》（附表2）和《结果评价考核内容》（附表3）所示，具体的考核细则和比例分配由各院校及实习酒店自行制定。

附表2　过程评价考核内容

序号	考核项目	考核内容	考核依据	考核人	考核等级	考核周期
1	实习生日常工作表现	考核内容包括岗位专业知识、工作绩效、工作纪律、技能水平、职业道德、综合素养、责任事故等几个方面	以实习酒店规章制度、工作标准、考勤记录、培训考核记录等为依据	企业导师	建议分级： A：优秀 B：良好 C：合格 D：不合格	每1～3个月一次
2	实习阶段性任务完成情况	考核内容包括实习期各项作业或实习日志（周记、月记）完成情况、实习态度、实习表现等	以实习生提交的实习日志（周记或月记）、学校实习指导教师巡岗记录、驻店实习指导教师反馈情况等为依据	学校实习指导教师	建议分级： A：优秀 B：良好 C：合格 D：不合格	每1～3个月一次

附表3　结果评价考核内容

序号	考核项目	考核内容	考核依据	考核人	考核等级	考核周期
1	实习期总体表现	工作态度、行为规范、工作绩效、综合能力素质提升等	自我评价	实习生	建议分级： A：优秀 B：良好 C：合格 D：不合格	实习期结束时

续表

序号	考核项目	考核内容	考核依据	考核人	考核等级	考核周期
2	实习期总体表现	工作态度、行为规范、工作绩效、技能水平、综合素质、责任事故等	实习部门终期评价	企业导师	建议分级： A：优秀 B：良好 C：合格 D：不合格	实习期结束时
3	实习心得体会与未来职业规划	实习报告	学校实习报告考评标准	学校实习指导教师	建议分级： A：优秀 B：良好 C：合格 D：不合格	实习期结束时

（二）考核形式

对实习生的考核评价应尽量全面，针对不同的考核内容采用恰当的考核形式。考核形式详见《实习考核形式》（附表4）。

附表4　实习考核形式

序号	考核类型	考核内容	考核人	建议考核形式
1	过程评价	岗位技能	企业导师	技能操作测试
		专业知识		笔试考核
		工作绩效、责任事故		实习生直属上级评价、奖惩情况
		工作纪律		考勤记录、奖惩情况
		职业道德、综合素养		实习生直属上级及同班组员工评价
2		实习阶段性任务完成情况	学校实习指导教师	实习记录、实习作业检查；实习指导教师巡岗
3	结果评价	实习期总体表现	实习生本人	自我评价
4		实习体会与职业规划	学校实习指导教师	实习生按时、按要求提交实习报告
5		实习期总体表现	企业导师	实习部门终期评价

（三）考核组织

实习生的考核应由学校和实习酒店共同组织，确保实习生在实习结束后获得公正、客观、合理的考评结果。在实习过程中的实习生岗位技能、专业知识、工作纪律与绩效、职业道德及综合素养主要由其所在部门的企业导师组织考核，实习生的实习任务完成进度主要由学校实习指导教师组织考核；实习结束时，实习生的总体表现由实习酒店人事部门会同企业导师组织考核，其实习体会及总结主要由学校指导教师负责考核。

八、实习管理

（一）管理制度

1. 学校实习管理制度

参考教育部有关实习管理文件精神，各职业院校应结合实际情况出台实习管理制度。实习管理制度主要包括《实习管理办法》《实习考核办法》《实习指导师管理办法》《实习生手册》等。

2. 校企生三方实习协议

实习开始前，学校、酒店及学生三方签订顶岗实习协议，明确实习期间三方责、权、利。

3. 实习期保险制度

实习期间，实习生应购买保障期与实习期等长的人身意外险，学校应购买实习责任险，酒店应为实习生购买雇主责任险。

（二）过程管理

学校与酒店全程合作，对实习生的实习活动加以指导、监控和考核。在实习前、中、结束阶段，校、企、生三方共同参与实习管理。

1. 实习前阶段

学校、酒店组织学生参加面试，确定实习单位及岗位，签订三方协议书；前往实习酒店前安排学生体检，三方各自购买相应保险；开展岗前教育与培训，向学生下达实习任务书。

2. 顶岗实习阶段

学生按照实习任务书要求顶岗实习，掌握相应岗位技能与素养；实习酒店给予培训、指导、考核；学校实习指导老师定期巡岗，指导学生按要求完成实习任务。

3. 实习结束阶段

开展实习总结活动；酒店对学生给予终期总体表现评价，颁发实习证书；学生提交实习总结报告。

（三）实习总结

实习结束前一个月内在实习酒店组织总结活动，学校、酒店、实习生共同参与实习总结。

参考文献

[1] 李雯.酒店客房部精细化管理与标准化服务［M］.北京：人民邮电出版社，2018.

[2] 韩军，翟运涛.客房服务与管理［M］.上海：上海交通大学出版社，2011.

[3] 朱小彤，吴婧姝，贺丹.客房服务与管理［M］.2版.北京：旅游教育出版社，2017.

[4] 国家旅游局人事劳动教育司.客房服务与管理［M］.5版.北京：旅游教育出版社，2016.

[5] 石磊.客房服务与管理［M］.北京：旅游教育出版社，2016.

[6] 杨结.客房部实习生：从生手到能手［M］.北京：旅游教育出版社，2014.

[7] 王光健.客房服务与管理实务［M］.北京：高等教育出版社，2018.

[8] 陈景.酒店客房服务与管理［M］.北京：高等教育出版社，2016.

[9] 吴玲.客房服务与管理［M］.3版.北京：高等教育出版社，2015.

[10] 文蓉.客房服务与管理［M］.北京：高等教育出版社，2016.

[11] 汝勇健.客房服务与管理实务［M］.3版.南京：东南大学出版社，2017.

[12] 徐文苑.酒店客房服务与管理［M］.2版.武汉：华中科技大学出版社，2022.

[13] 苗淑萍.客房服务与管理［M］.北京：清华大学出版社，2015.

[14] 贾海芝.饭店服务基本功实训［M］.2版.北京：清华大学出版社，2012.

[15] 姚建园.酒店客房部员工排班研究［J］.价值工程，2016，35（32）:54-55.

[16] 中华人民共和国国家旅游局.LB/T 063—2017 旅游经营者处理投诉规范［S］.北京：中国标准出版社，2017.

[17] 中华人民共和国国家旅游局.LB/T 064—2017 文化主题旅游饭店基本要求与评价［S］.北京：中国标准出版社，2017.

[18] 中华人民共和国国家旅游局.LB/T 066—2017 精品旅游饭店［S］.北京：中国标准出版社，2017.